大学英语教学模式改革与发展研究

杨 威 闫洪才 ◎ 著

吉林出版集团股份有限公司

图书在版编目（CIP）数据

大学英语教学模式改革与发展研究 / 杨威，闫洪才著. — 长春：吉林出版集团股份有限公司，2022.4
ISBN 978-7-5731-1403-7

Ⅰ．①大… Ⅱ．①杨… ②闫… Ⅲ．①英语－教学模式－教学改革－研究－高等学校 Ⅳ．①H319.3

中国版本图书馆CIP数据核字（2022）第055505号

大学英语教学模式改革与发展研究

著　　者	杨　威　闫洪才
责任编辑	陈瑞瑞
封面设计	林　吉
开　　本	787mm×1092mm　　1/16
字　　数	220千
印　　张	10
版　　次	2022年4月第1版
印　　次	2022年4月第1次印刷
出版发行	吉林出版集团股份有限公司
电　　话	总编办：010-63109269
	发行部：010-63109269
印　　刷	北京宝莲鸿图科技有限公司

ISBN 978-7-5731-1403-7　　　　　　　　　　　　定价：68.00元

版权所有　侵权必究

前　言

近年来，在诸多学者的共同努力下，我国大学英语教学取得了极大的进步。教学方法得到更新，教学思路得到拓展，教学模式也变得更加多样化。这样的改革使得学生的学习兴趣增加，教师的热情日益高涨，英语课堂在改革之中越发绚丽夺目。

21世纪是一个知识经济高速发展的时代，给予了人才更多的机会，大学英语教学改革是为了满足人才发展的要求，因此，对其理念和模式的创新尤为迫切。大学英语教学模式课程以建构主义理论、人本主义学习理论和后现代主义教学观为理论指导，以"问题解决型""任务型"教学法和抛锚式教学模式为主要教学方法，以培养学生听、说、读、写、译英语综合应用能力和研究能力为主要目标；强调以学生为学习主体，在教师引导下，借助计算机网络技术，以小组合作的学习形式进行个性化、自主式的研究；在实践中锻炼和提高学生的英语综合运用能力、自主学习能力、研究能力以及综合文化素养，力求达到《大学英语课程教学要求》的更高要求。

本书从大学英语教学的发展研究入手，分别从理念、模式两大角度探析了大学英语教学的创新研究，首先概述了大学英语教学的基本概述，分析了大学英语教学改革的方向与趋势、大学英语教学方法及其运用，并详细阐述了大学专门用途英语（ESP）教学模式、大学英语慕课与翻转课堂教学模式等，最后探讨了大学英语"产出导向法"教学模式及基于"产出导向法"的ESP教学设计及实践等相关内容。

本书在撰写过程中，吸收了部分专家、学者的某些研究成果和著述内容，在此表示衷心的感谢。由于时间短促、水平有限，缺点和错误在所难免，恳请广大读者批评指正。

目 录

第一章 大学英语教学的基本概述 ... 1
- 第一节 大学英语教学的观察与思考 ... 1
- 第二节 大学英语教学科学化改革的思路 ... 6
- 第三节 价值引领融入大学英语教学 ... 8
- 第四节 大学英语教学的特点及策略研究 ... 15
- 第五节 合作原则对大学英语教学的启示 ... 19
- 第六节 有机教育与大学英语教学 ... 22

第二章 大学英语教学改革的方向与趋势 ... 26
- 第一节 大学英语教学改革中存在的问题及其对策 ... 26
- 第二节 大学英语教学改革的必要性 ... 30
- 第三节 大学英语教学改革的新要求与新形势 ... 32

第三章 大学英语教学方法 ... 39
- 第一节 大学英语教学方法的创新 ... 39
- 第二节 多学科交叉视角下的大学英语教学方法 ... 42
- 第三节 基于提升课堂学习效率的大学英语教学方法 ... 45
- 第四节 大学英语教学方法中的情境英语教学法 ... 48
- 第五节 构式语法与大学英语教学方法创新 ... 51
- 第六节 "互联网+"背景下的大学英语教学方法 ... 55
- 第七节 在创新创业背景下浅谈大学英语的教学方法 ... 57

第四章 大学英语教学方法的实践应用 ... 60
- 第一节 多模态的协同及在大学英语教学中的应用 ... 60
- 第二节 激励教学法在大学英语教学中的应用 ... 63

  第三节 大学英语多元互动教学模式的应用 ·················· 67

  第四节 大学公共英语教学中英语的应用 ························ 71

  第五节 英语新闻输入在大学英语教学中的应用 ·············· 74

  第六节 启发式教学在大学英语教学中的应用 ·················· 78

第五章 大学专门用途英语（ESP）教学模式 ·················· 82

  第一节 专门用途英语（ESP）基本概述 ························ 82

  第二节 大学英语教学运用专门用途英语（ESP）理论的可行性 ··· 85

  第三节 专门用途英语（ESP）理论对高校英语教学的启示 ··· 89

  第四节 基于专门用途英语（ESP）理论的大学英语教学模式改革实践 ··· 90

第六章 大学英语慕课与翻转课堂教学模式研究 ············ 99

  第一节 慕课教学模式 ·· 99

  第二节 翻转课堂教学模式 ·· 105

  第三节 大学英语翻转课堂教师角色的研究 ·················· 112

  第四节 翻转课堂模式下的师生交互研究 ······················ 115

第七章 大学英语"产出导向法"教学模式研究 ············ 126

  第一节 "产出导向法"基本概述 ································ 126

  第二节 信息化环境下"产出导向法"教学模式探索 ······ 130

  第三节 信息化教学模式与"产出导向法"教学理念的契合 ··· 136

  第四节 基于"产出导向法"的 ESP 教学设计及实践 ······ 143

参考文献 ·· 153

第一章 大学英语教学的基本概述

第一节 大学英语教学的观察与思考

教学贵在得法,如何有效地开展大学英语教学工作,培养高素质的应用型人才,是大学英语教学努力的方向。本节就现代大学英语教学,从分级教学体制实施的利弊、优化课程设置、创新课堂教学形式三个方面进行分析,探索一条新时代的大学英语教学途径。

语言教学是一个国家教育体系中必不可少的组成部分,无论人与人之间的交流抑或国与国之间的对话,都离不开语言。在经济全球化的今天,英语作为一门世界语言的作用日益凸显。同时,中国和世界对英语人才的需求也与日俱增。因此,具有良好的英语表达能力已经成为时代发展的必然要求,也成为当代大学生必须掌握的技能。在大学基础英语的教学工作中,国家投入了大量的人力、物力和财力,旨在培养学生运用英语进行交际的能力。大学英语教学不仅要培养学生的听、说、读、写等基本语言技能,而且要培养他们运用英语进行跨文化交际的能力。在实际的教学工作中,我们如何有效地开展大学英语教学工作,培养高素质的应用型人才,是大学英语教学要思考的问题。

一、分级教学体制的实施

大学英语分级教学体制的实施,一直以来都饱受争议。很多人认为,分级教学是一种差别对待,会使英语水平差的学生产生自卑心理,不利于学生心理健康的发展。分级教学体制的实施加重了师资队伍的负担,同时也加大了教学管理的难度,因此分级教学在高校英语教学的实施一直发展缓慢。实际上,大学英语分级教学,是本着因材施教和提高教学效果的原则,根据学生的实际英语水平将学生划分为不同等级,进而采取不同的教学方案进行教学活动的一种教学体制。分级教学的最终目的是让学生在各自不同的起点上分别进步。这有利于教师开展针对性教学,将教学目标和教学内容设置得更加个性化,从而更加有效地提高学生的英语水平。

（一）大学英语分级教学的优势

我国幅员辽阔，区域经济发展不均衡，导致教育水平的发展也不均衡。地域差异和城乡差异造成了大学生入学时的英语水平参差不齐。把这些良莠不齐的学生安排在同一班级授课，教师难以根据学生的水平和特点进行因材施教，往往好生"吃不饱"，差生"吃不消"，打击了差生的上进心，同时又影响了好生的进步。显然，这种一锅粥式的授课制度，难以达到良好的教学效果。

此外，从认知心理学角度看，人们语言习得的唯一途径就是获得可理解性的语言输入。也就是说，如果教师传授的语言知识远远高于或者低于学生的认知水平或理解范畴，都不能进行有效的知识传递。只有最适当的知识输入，才能最好地被学生理解和掌握。在这种混合式的授课体系中，如果教师偏向好生进行授课，差生就无法跟上，从而灰心挫败，失去继续学习的动力。如果教师侧重于差生，又会使好生觉得上课毫无新意、索然无味，孰重孰轻，难以把握。

所以，根据学生英语水平的个体差异进行分级教学，使教学具有更强的针对性，有助于学生获得最符合他们需求的知识输入，在原有认知水平上增长知识，获得技能。

（二）大学英语分级教学的瓶颈

在高校实行大学英语分级教学体制，普遍存在以下两方面的困难：其一，在师资储备严重不足的情况下，进行分级教学体制无疑加重了教师队伍的负担，难以保障教学质量。近年来，为了响应国家号召，普及高等教育，高校不断扩大招生力度，许多院校师资严重不足。据不完全统计，以每班50人为单位计算，很多英语教师每周的授课量在14~16节，有的甚至达20多节。如此高负荷的工作量，已经超出了教师的承受能力。如果再进行分级教学，班级容量变小了，那就意味着每个老师需要承担更多班级的授课任务，还有可能跨级教学，这无疑使本来就严重不足的师资力量变得更加捉襟见肘。教学工作量的加大、教学负担的加重，必然会严重影响教师的教学质量。其二，分级教学体制也加大了学校管理的难度。这主要体现在学生管理、教学排课、教材征订和学生考试等方面。就学生管理和教学安排而言，分级教学无疑使得学生的上课时间更加分散和复杂，这就需要更加科学、合理和有效的方法对学生实施有效的管理和监督。此外，既然采用分级教学体制，相对应的教材、考试制定也必须做相对应的分级配套调整，这也是一个耗资巨大的工程。

分级教学体制目前还处于探索阶段，它是一个需要不断实践、不断摸索和不断完善的过程。同时它也是一个复杂的系统工程，它关系学校管理的各个环节，只有相关部门紧密配合，才能顺利运行。分级教学体制作为大学英语教学改革的新事物，还需要广大英语教育工作者继续实践和总结。

二、优化课程设置

一直以来，大学英语作为高校的公共基础课，普遍采用的是综合教程进行授课。也就是一门集阅读、听力、语法、写作为一体的多种技能综合课程。其优点是可以全方位地训练学生的听说读写译等综合能力；缺点在于多而不精，每一种技能都训练不到位。教师在授课过程中，往往因为教学内容和训练技能繁多，教学安排顾此失彼，每种技能都没有得到充分的练习，从而影响教学质量。这种杂糅式的综合课程已不符合时代发展的要求，高等教育着眼于培养高精尖人才，因此按照技能模块设置课程无疑是优化课程体系的一个很好途径。我们可以把综合教程拆分为四门课程分别在大学的四个学期开设。它们分别是听力和情景模仿（Listening to Conversations and Conversations Imitation）、观点陈述和课堂讨论（Presentations and Classroom Discussion）、英文读写（Writing and Reading）、跨文化教学（Cross-cultural Education）。

（一）听力和情景模仿

听力和情景模仿是一门训练学生听说技能的课程，它着重培养学生两方面的能力：一是学生通过听情景对话记录下关键信息进而理解和掌握语篇内容的技能；二是学生根据听力中展现的情景对话，进行口头复述和模拟表演的技能。情景对话应尽量选取生活化、实用的主题内容，让学生充分感受到学到的知识是生活中最需要的，学而即用，从而大大激发他们的学习兴趣，提高学习效率。

（二）观点陈述和课堂讨论

观点陈述和课堂讨论课是一门让学生能够进行有效的课堂展示的课程。高校课堂应该给学生的个人展示创造条件和提供平台。学生针对某一主题在课堂上发表演讲，阐述自己的见解，不仅能够锻炼学生的口头表达能力，还能够提高学生的综合素质；既能够促进学生纠正错误发音，又能够锻炼学生逻辑思维和自我展示的能力。同时，其他学生认真倾听演讲，并就演讲内容提出问题，大家共同交流与讨论。学生在这种自由热烈的课堂氛围中大胆阐述自己的观点，积极讨论，从而极大地提高学生的口语交际能力。教师在主题内容的选取方面必须多下功夫，精心设计，最好是时下贴近学生生活的热点问题，这样才能激发学生参与讨论的兴趣，创造学习的动力和在交流体验中激发语言表达能力的潜能。

（三）英文读写

英文读写课是一门帮助学生训练读写技能的课程。其目的是使学生通过大量的英语语篇的阅读，进而理解和掌握中等难度的一般题材的英文资料或通用的实用文字材料。同时，能借助辞典完成一般性题材和对外交往中实用文体的撰写和翻译工作。在这门课程实施教学的过程中，教学方式和教学手段很重要。教师要勇于创新，不拘泥于对语篇字、词、句的讲解，以及拼命地灌输给学生写作技巧和写作规范。而应该采取小组作业和研讨式的教学模式，激发学生的学习热情。

以阅读环节为例，教师可以将学生分为3人一组，共同完成文章一个自然段的阅读理解任务。3人分工如下：第一个人首先朗读一个自然段，第二个人提出问题（可以是字词理解的问题，也可以是语篇内容的问题），第三个人回答问题。下一个自然段学生交换角色，第二个人朗读文章、第三个人提问、第一个人回答问题，以此类推。学生在朗诵、倾听、发问和回答的多次循环中，对文章的理解逐步加深，进而完全掌握语篇的中心思想和文体结构。同理，这种小组作业的运作模式也会使背诵单词变得不那么枯燥乏味。教师也可以将学生分为2人一个小组，一个人读单词，另一个人说中文意思，下一轮次，角色互换。学生在这种你来我往的互动模式下，自主学习、积极探索，充分发挥个人的自主性和创造性[①]。

（四）跨文化教学

语言和文化是一个有机整体。大学英语教学，除了对大学生进行传统英语教育外，还要让学生了解英语背后的文化。学生只有了解语言的文化内涵才能感受到语言的魅力，从而激发他们的学习热情。跨文化教学这门课程的开设，目的就是使学生通过学习英美国家的政治、经济和文化，培养跨文化意识和克服跨文化障碍，最终取得跨文化交际的成功。因此，大学英语的教学绝不应只停留在听、说、读、写等基本技能的培养上，而应以交际能力的培养为目标，不仅传授语言知识，还要传播文化理念。随着改革开放的不断发展，国家需要面向世界，同时对对外交流人才的需求也会越来越大，这就要求大学英语教学应该重视跨文化教学。

三、创新课堂教学形式

中国的大学英语教学经过了十余年的改革和发展，早已跳出了单一的固有模式。新时代对英语教学提出了新要求，新时代的大学生对大学英语的教学方式也有了新期待。教师应该有能力根据学生的个体差异，设计出个性化的课堂，培养学生的自主学习能力，

---

① 李建萍.分级教学背景下大学生英语词汇学习策略的调查和分析[J].黄山学院学报，2009（8）：99.

提高学生的创新思维。研讨式教学和浸入式教学是鼓励学生进行独立思考和自主探究的新型教学形式，它在鼓励学生充分发挥自己的优势和特长的同时，力求为学生创造一种自由平等的学习环境和生机勃勃的学习氛围。

（一）研讨式教学

研讨式教学是一种在系列问题引导下，在大量阅读的基础上，在教师主导下的以生生讨论和师生讨论为主要教学推进手段的模式。研讨式教学是教学范式的重大变化，即由过去的讲授式变为教授、讨论二元结构模式，它促使文科教学向学生自主型学习的方向发展。这种教学方式能促使学生花更多的时间在自主研究和参与活动、发现问题和解决问题上。研讨式教学的课堂不仅仅是知识传授的场所，也是师生互相交流启发、碰撞思想、解决问题的平台。教师授课不拘泥于一种或几种教材，学生的学习也不仅仅拘泥于课堂。学生在教师的引导下进行自主学习和积极探索，教师与学生、学生与学生之间形成了一个良性循环的交流圈。各种思想的火花在交流圈里碰撞，激发出智慧的结晶。

（二）浸入式教学

浸入式教学是指让学生浸泡在第二语言中，深刻地感受上下文语境，获得语言输入，语言习得的过程。这种浸入式的语言学习模式就在于语言输入假设。该假设认为，人们习得某种语言的条件是理解高于自己能力的语言输入，而这种理解依靠上下文语境。大量的目标语语境活动为学生提供了认知支架，促进了目标语的习得。教师可以充分利用校内校外的各种资源积极开展丰富的课外活动，以浸入式教学促进学生的语言学习。例如，举办英语戏剧节、英语配音节、圣诞晚会、英语文化艺术展览等活动。学生在参加活动的过程中，进入了第二语言的真实环境，从视觉、听觉和触觉都受到了感官刺激。学生运用英文思维，配合丰富的肢体语言，用英语与伙伴交流，在这种实际英语环境中使用语言，达到语言习得之目的。这些活动可以由学生会或者英语协会负责组织和实施。教师可以选择性地参加部分活动，并结合这些活动的主题，在课堂上设计丰富的教学任务以深化和拓展相关的知识和内容，帮助学生更好地理解和掌握语言。

以上就如何准确地把教学目标和学生需求进行匹配，如何科学有效地优化课程设置，如何创新课堂教学形式，培养学生的自主性和创造性，做了一些分析。其目的是找到既有效地开展大学英语教学，培养高素质的应用型人才，又符合时代发展要求的最佳方案，探索出一条新时代的大学英语教学之路径。

第二节　大学英语教学科学化改革的思路

随着全球化的发展，我国越来越多地参与到国际事务中去，各个国家间的贸易、文化、政治交流日益密切，因此，我国对专业英语人才的需求量是巨大的。但是，我国大学英语在人才培养方面，高端专业人才输送较少。这主要是传统教学模式中存在的诸多问题造成的。因此，需要对大学英语教学进行科学化的改革，以此来适应时代的发展，适应人才培养的需要。

一、大学英语教学科学化改革的必要性

虽然各大高校为了提升英语教学水平，开始纷纷对教学手法进行创新，但大多是"换汤不换药"，取得成绩的手段依然靠"逼"，靠压榨学生的休息时间，靠严格的考勤安排。这些方式虽然能够让学生的英语水平得到显著提高，但学生在这种高压状态下，很容易对英语产生厌烦情绪，甚至演变成憎恶心理。这种现状表明，大学英语教学改革必须遵循一定的客观规律，要在准确掌握这一阶段学生心理特征的前提下进行合理的教学调整，不可照搬照抄，亦不可操之过急。

二、大学英语教学科学化改革的思路

（一）提高师生互动，营造良好的课堂氛围

高校的课堂组织形式依然是班级授课，有利于发挥教师和集体教育的优势，对提高教学效率起到了一定作用。但是班级授课方式有一个巨大的缺陷，那就是教学内容和教师精力有限。许多教师为了完成一定的教学任务，必须充分地利用好一堂课上的45分钟时间，因而可能在师生互动方面存在一定的欠缺。除去时间因素外，教师的观念也存在一定问题。许多教师会认为学生的任务就是学好知识，那么只要认真听老师讲课就够了，对学生主观能动性的发挥普遍存在忽视情况。在互联网技术不断发展的当下，教师可以利用各式各样的多媒体设备来完成与学生的互动，这样不仅丰富了教学手段，也有利于吸引学生的注意力，激发其学习的兴趣与热情，营造良好的课堂氛围。此外，为了解决课堂时间与教师精力有限的问题，师生间的互动可以由课上延伸至课后，通过qq群讨论、私信交流、互发邮件的方式，让教师在下课之后收集学生不理解的知识点，在后面的课堂上进行更加详细的讲解，对于个别学生提出的问题，教师也可以迅速地通过网络进行

解答，从而全方位地提升教学成果。

（二）将文化因素融入英语教学

语言与文化是水乳交融、不可分割的，如果没有了文化的浸润，那么语言教学就会成为无源之水、无本之木。因为语言和文化之间存在密切联系，如果能在英语教学中融入一定的文化熏陶，就能取得更好的教学效果。现有的英语教学模式下，教师往往只注重对学生的词汇积累、语法知识、发音技巧等内容进行指导，而忽视了文化差异对英语教学产生的巨大影响[①]。要在大学英语课堂中导入文化因素，可以采用直接讲解法和隐性输入法。课堂讲解是一种最直接的了解英语区文化的方法，也是最直观感受不同文化在语言表达上的差异方法。在课堂讲授中，为了引起学生的兴趣，教师可以在讲课前进行适当的准备工作，了解学生比较想了解、比较感兴趣的文化内容，从而对自己的教学计划进行调整。隐性输入法主要是通过情景模拟的方式来实现的，通过课堂模拟的方式，营造特定的文化场景，鼓励学生参与互动，在"真听真看真感受"的方式下潜移默化地接受英语文化，从而助力英语学习，达到教学改革的效果。

（三）借助新媒体技术实现自主学习

在大学英语教学中，我们都习惯了以面对面的方式来进行授课和听课，在教师的板书和多媒体展示中获取知识。随着信息化时代的到来，各个高校都普及了多媒体设备，因此，多媒体教学一度成为热门的教学方式。但时代是在不断变化发展的，在信息化的潮流中，我们又进入了全新的互联网时代，原有的教学方式已经不能满足学生日益增长的多元化学习需求，某些教师的知识水平也不足以解答学生的所有疑问。随着智能手机、平板电脑等现代化设备的普及，移动学习方式又成了新的热门学习方式，慕课、微课、微信公众号、英语教学APP等平台，为学生提供了更丰富的学习资源，更广阔的学习空间，以及更机动灵活的学习方式，可以让学生随时随地进行学习，不受场地、时间的限制，是教学方式的跨越式创新，更是教育的一大进步。利用移动设备进行学习，可以让学生变被动为主动，从被迫学习转变为主动学习。由于移动学习方式的灵活性，学生可以根据自身的喜好来安排学习时间和学习内容。此外，线上的教学内容比起线下教学内容的单调和枯燥，更能吸引学生的注意力，激发他们的学习兴趣。

在我国国际化进程日益加快的今天，外语教学在推动国际交流方面起到了越发重要的作用，外语专业人才在未来大有可为。但是，任何事物的发展都不会是一帆风顺的，总会面临许多曲折。如果各大高校能够抓住时代浪潮赋予的这一机遇，充分利用各类新媒体技术的发展，更新教学方式，那么将会给高校的英语教学带来巨大的变化，推动高

---

① 安秀梅.《大学英语》"课程思政"功能研究[J].文化创新比较研究，2018（11）：89-90.

校英语教学体系又好又快发展。

第三节　价值引领融入大学英语教学

  2019年3月，习近平总书记在主持召开学校思想政治理论课教师座谈会时指出，要坚持显性教育和隐性教育相统一，挖掘其他课程和教学方式中蕴含的思想政治教育资源，实现全员全程全方位育人。作为隐性德育教育重要手段的课程思政，就是把思想政治理论课内容融入各学科教学。本节以大学英语教学为研究对象，以课程思政和价值引领为切入点，从大学英语的德育功能、课程改革、学科特点、经验积累等方面着手分析把价值引领融入大学英语教学的重要意义与实施现状，探寻有效可行的实施路径，并提出包括强化高校英语教师进行价值引领的意识、确立在大学英语课堂上进行价值引领的目标、研究大学英语课程中进行价值引领的策略、建设大学英语课程中进行价值引领的载体平台、梳理大学英语教材中关于价值引领的话题、开展大学英语课进行价值引领的成效研究等可行性建议。

一、研究背景

（一）课程思政

  近几年，课程思政，即把专业教学与思想政治教育有机结合成为高校专业课程建设的新重点。大学英语课程是语言教学，语言教学应是工具性与人文性的统一，而人文性的核心在于弘扬人的价值。语言教学的目标是人才综合素质的培养与全面发展，这与思想政治教育促进人的全面发展的根本目标殊途同归。然而在课程教学中，英语语言的工具性常被过分强调，人文性常被忽视，语言学习的功利性很强，价值引领欠缺，教学内容和思政内容缺乏有机融合。大学生中存在自我意识强、不关心政治、责任感缺失，甚至人生观、价值观偏离的现象，为社会的未来发展埋下了隐患。把价值引领融入大学英语教学，是对党中央十八大后向高校提出的"各类课程与思想政治理论课同向同性，形成协同效应"这一新命题的响应与践行，是开展课程思政、落实学科育人的具体行为。

（二）价值引领

  所谓价值引领就是引导学生进行正确的价值判断和选择。在当代中国，价值引领是指社会主义核心价值体系（马克思主义的指导思想、中国特色社会主义的共同理想、以爱国主义为核心的民族精神和以改革创新为核心的时代精神、社会主义荣辱观）与社会主义核心价值观（富强民主、文明和谐、自由平等、公正法治、爱国敬业、诚信友善）的引领。这些反映了当代中国精神，体现了全国人民共同的价值追求。帮助学生认知、认同、树立、践行社会主义核心价值观，是高校大学英语教学以学树人、以文化人的灵魂与核心。全国高校思想政治工作会议召开两年多以来，国家出台了一系列针对高校思想政治建设、文化建设的相关政策，价值引领成为语言教师必然担当的责任。

二、研究意义

（一）强化外语教学德育功能，推动外语教学课程改革

司马光曾说，自古以来，国之乱臣，家之败子，才有余而德不足也。把价值引领融入大学英语课程教学就是以此为戒，强化外语学科德育功能，弥补传统应试语言教育重成绩、轻德行的不足，促进思政课程与课程思政合力育人。2016年12月，全国高校思想政治工作会议上，习近平总书记强调要坚持把立德树人作为中心环节，把思想政治工作贯穿教育教学全过程，实现全程、全员、全方位育人。要引导学生正确认识世界和中国发展大势、中国特色和国际比较、时代责任和历史使命、远大抱负和脚踏实地（习近平，2016）。2017年2月，中共中央、国务院印发的《关于加强和改进新形势下高校思想政治工作的意见》明确提出，要将价值引领贯穿教育教学全过程和各环节。两年多来，全国教育系统积极构建一体化育人新模式，不断提升思政教育亲和力，"大水漫灌"变成了"精准滴灌"，即如涓涓细流一般融入各个专业学科教学。大学英语课程作为一门必修基础课，课时多、时间跨度大，由英语教师进行价值引领可以使这门课程在塑造大学生价值观方面起到春风化雨的作用，让思政内容活起来、扎根到课程里，提升大学英语课程的德育功能。

大学英语课程作为语言学科，包含丰富的思想观念、人文精神、道德规范，如何进行价值引领，使其与思政课程同向同行，更好地为人民服务、为中国共产党治国理政服务、为巩固和发展中国特色社会主义服务、为改革开放和社会主义现代化建设服务，将是大学英语教学改革的大方向。2018年9月，全国教育大会上，习近平总书记深刻指出，教育就是要培养中国特色社会主义事业的建设者和接班者，而不是旁观者和反对派；2019年1月，《光明日报》指出：做好高校思想政治工作，要因事而化、因时而进、因势而新。在这样的要求下，把价值引领融入大学英语教学，必将促进新时代背景下外语教学课程改革。

（二）守住意识形态阵地，在探索中积累经验

大学英语课程不同于其他专业课程，是中西方文化意识形态和思想价值体系之争的

前沿阵地。当前国际形势复杂变换，外国势力从未放松对我国的文化侵蚀与渗透，只是变得更为隐蔽复杂。大学英语从表层看是语言教学，但其语言体系中，蕴含、镶嵌着西方文化价值观，具有很强的隐蔽性，对大学生价值观潜移默化的影响不容忽视。价值引领，课程育人，有助于我们守住这块前沿阵地。大学英语是我国高校受众最广的学科，是高校实现立德树人根本任务的"实践基地"。通过价值引领强化语言教学的育人功能，加强学生对西方文化中心论、西方文化价值观，尤其是西方媒体宣传的双重标准和霸权主义行径的认识，是坚定文化自信、增强文化自觉和坚守社会主义意识形态的重要途径，有助于大学生在正确认识中国特色和国际比较过程中，树立社会主义核心价值观。

业界同人就如何把价值引领有机融入大学英语课程做了各种尝试与研究，但就英语学科来说有针对性的研究尚缺少，仍处在探索与积累经验的初始阶段。具体如何实施、采取哪些途径、如何建设教学团队和载体平台等都有待研究。但"守好一段渠，种好责任田"，把价值引领融入大学英语课程教学是高校英语教师义不容辞的政治责任，要勇担当、乐尝试，在探索中积累经验。

三、研究现状

（一）上海试点先行，全国普遍推广

2016年，上海市各高校围绕思想政治教育改革率先提出"课程思政"这一概念，通过构建融思想政治理论课、通识课、哲学社会科学课、自然科学课等课程于一体的立体化课程体系，充分挖掘各个学科、各类课程的思想政治教育资源，发挥不同课程的育人功能，为全国"课程思政"改革提供了一套有价值、可推广的"上海经验"。目前，上海市"课程思政"整体试点校12所、重点培育校12所、一般培育校34所，基本实现了全市高校全覆盖。各高校已建设"中国系列"课程近30门，综合素养课程175门，近400门专业课程申报开展试点改革。

继上海之后，"课程思政"改革逐渐在全国高校范围内展开并得到广泛认同。几年来，高校教师探索把价值引领寓于课程，让课程承载价值引领的有效路径，形式从交流会、推进会、研讨会，到示范课、专题讲座、教学技能大赛、调研等丰富多样。例如，北京联大挖掘各门课程蕴含的思政教育元素，建立了27个示范课堂。中南大学组织深化"课程思政"的路径与方法专题培训。天津大学曹树谦教授以"实践小记"形式与全校师生分享课程思政心得。厦门大学启动2018"课程思政"建设计划，建设通识教育课程与专业教育课程。河海大学举办课程思政论坛。西南交通大学校长徐飞从雄安新区的千年大计说起，将"创新、协调、绿色、开放、共享"五大发展理念讲到了学生心里。2017、

2018年两年的入学季，全国多所大学党委书记担当起协同效应第一责任人，为新生讲授入学第一堂思政课，勉励他们走好为人为学之路。中央美术学院依据艺术专业学生的特点，从作业到作品，通过绘画、雕塑、动画、海报、幻灯片、影像等多种形式表达着思政课的主题内容，使艺术院校的课程思政真正"活"起来。华东师范大学指出，课程思政要实现溶盐入汤、育人润物细无声的效果。他们创新课堂教学评价制度，使学生对课程思政有感知、有认同、有受益。山东理工大学出台了"课程思政"实施办法。在内蒙古通辽市，举办了"课程思政"教学技能大赛。总之，课程思政改革正在全国高校普遍推广。

两年多以来，辽宁省业界学者对省内教育资源不断整合、挖掘，积极实践从"思政课程"到"课程思政"的改革与探索。东北大学以"聚焦需求，精准引航"为主题构建文化育人新平台；大连海事大学以"时代楷模"曲建武网络工作站为平台实践网络育人新模式；东北财经大学开展思政教育、实习实践、课堂教学"三线合一"的实践育人新举措，三所高校均第一批入选我国高校思想政治工作精品项目名单。省内各高校探索不断，大连大学举办"课程思政"建设推进会；辽宁石油化工大学召开2018年"课程思政"试点课程建设工作会议；大连理工大学召开"课程思政"建设座谈会等等。

（二）成果初步取得，研究尚待丰富

目前，相关工作已经取得了一定成果。对于课程思政，邱伟光认为，它是价值理性和工具理性的统一，是高校教师在传授课程知识的基础上引导学生将所学的知识转化为内在德行，转化为自己精神系统的有机构成，转化为自己的一种素质或能力，成为个体认识世界与改造世界的基本能力和方法。燕连福认为，要搭建高校各类课程教师互动与对话交流的机制和平台，健全各类课程协同育人的制度保障和评价体系。焦苇认为，要突出综合素养课程和专业课程教学的育人导向，促使知识传授与价值观教育同频共振。黄怡凡认为，一直以来，大学英语课的工具性色彩十分浓重，学教双方都有很强的功利性。许多教育工作者只把重点放在专业知识成果输出上，忽视大学生的思想变化及心理诉求，没有充分发挥出专业教师在"学科德育"方面的作用，甚至对此缺乏认知。在辽宁省，大连理工大学刘宏伟教师主持的《"四个统一"视域下研究生导师立德树人案例汇编》项目入选第二批"高校思想政治工作研究文库"。

虽然课程思政研究在全国高校已经展开，但经调查得知，专门针对大学英语教学的课程思政、价值引领研究目前十分缺乏。中国知网截止到2019年3月5号统计，相关文章共计23篇，全部发表于2018年以后，相比于8万多篇大学英语教学相关的文章而言，数量太少。其中，珂璇和卢军坪提出了新的大学英语教师职业发展观，傅荣琳提出了大学英语课程思政的实践路径，邓月萍探讨了大学英语课程思政的教学设计。谢琪岚研究了大学英语课程中的思政元素，刘清生对大学英语教师的思政能力进行了理性审视，黄

怡凡提出了把大学英语课程作为"隐形思政课程"的建议，李平和王聿良论述了大学英语课程向思政课程拓展的可行性，安秀梅研究了大学英语课程思政的功能等等。总体而言，外语学科专业教师思想政治教育意识、自觉进行价值引领的意识尚待加强，专门针对大学英语教学的价值引领研究尚待丰富与深入。大学生在价值体系建立过程中知却不真知、不全知、不深知的问题突出。对于传统思政课程，他们往往缺乏兴趣，参与度、专注度都很低。对于传统大学英语教学，课程思政内容少，教师对学生的价值引领不够，相关实践少、研究少，师生双方都有待提升改进。

四、路径

（一）强化教师意识，确立引领目标

对于"课程思政"的育人功能，"价值引领"在课程思政中的关键作用，教师作为传道者首先要充分理解，强化理念，"明道""信道"，才能"传道"。从学校到学院，应加强对一线语言教线语言教师的课程思政意识教育，使其不但能传授语言技能，也能同时自觉承担起社会主义先进思想、文化传播者的责任、坚决执行国家大政方针、弘扬社会主义核心价值观，做好大学生英语课堂上的灵魂塑造工作，成为合格的引路人。培养教师"价值引领"的能力，把价值引领能力纳入语言教师素养评价指标，把价值引领内容融入教学内容，把课程育人的目标任务、话题语料、典型案例、考核方式等写入教学大纲，让价值引领看得见、摸得着、有形化、常态化，以此强化教师理念，让价值引领有意、有效、有质地进行。

有目标才会有动力、有方向。价值引领同样需要目标的指引。大学英语课程在大学期间开设的时长平均为两学年，即四学期，可以针对不同学期、不同年龄的学生特点和认知水平，同时结合不同民族，不同专业学生的文化背景，为价值引领确定不同的重点和目标。比如第一学期强化价值认知，第二学期强化价值思辨，第三学期强化价值认同，第四学期强化价值践行。教师在进行价值引领时做到有的放矢，重点突出，全程贯穿，通过每学期的不同目标实现引领的系统性、连贯性。以第三学期的价值认同为例，针对大学生中出现的"价值认同危机"，教师自身首先要明确"培养什么样的人、如何培养人以及为谁培养人"这一根本问题，明确大学英语课肩负的培养合格的社会主义建设者和可靠接班人的使命，引领大学生认同社会主义核心价值观，为践行社会主义核心价值观奠定基础。

（二）研究教学策略，丰富引领方法

做到价值引领与大学英语课程的无缝对接，实现二者的有机结合，策略至关重要。

运用辩证唯物主义与历史唯物主义的研究方法引导学生进行价值认知与思辨。同时把语言学、外语教学中的情感策略、元认知策略、自主学习策略、显性教学策略、隐性教学策略等应用于大学英语课程中的价值引领策略研究。具体包括：从人本主义视角考量价值引领的情感策略，避免说教、降低焦虑，提升学生在接受价值引领过程中的愉悦感和接受度；从语言学元认知策略视角考量学生在价值引领中的自我认知、自我监控、自我调节；从英语自主学习策略视角考量价值引领对学生学习风格、学习动机、学习效果的影响；从显性语言教学策略与隐性语言教学策略相结合的视角探索在价值传播中丰富知识底蕴，在知识传播中进行价值引领的最佳办法。通过开展策略研究提升价值引领在大学英语课程中的接受度，查找传统思政课上学生不感兴趣的原因，通过多种策略使用避免生硬的讲解，提升效果。以元认知策略为例，作为典型的学习策略，元认知强调的是个体对自己的认知过程的调节能力，从而实施有效监控与管理。在大学英语教材教辅中，经常会涉及"美国梦"这个主题，教师不妨同时组织对"中国梦"的讨论，让同学们找出二者的异同，提升对自身和对民族、国家的梦想的认知，监控自己对二者的比较意识。"美国梦"更多强调个人奋斗与价值，"中国梦"更多强调民族的伟大复兴、强国之路。提高自我监控意识更能提升中西方价值观比较的自觉性。比如教师可以选择国内外媒体对于重大新闻的英文报道，引导学生正确看待西方媒体的立场与观点。再以隐性教学策略为例，隐性教学策略强调将价值引领在学生不知不觉中进行。现举一例：2019年2月底，关于美国总统特朗普与朝鲜主席金正恩会面与谈判的报道占据各大媒体头条，此新闻正赶上大学生春节过后的开学季，教师正好可以在听说课前布置这样的话题："双方各有立场，同学们站在哪一边？"客观判断需要教师的引领，不同的立场背后呈现的是不同的价值观，用英语开展这样的讨论，不仅是对英语表达的锻炼，也能让对价值观的辩证思考潜移默化地进行。

（三）建设载体平台，梳理引领话题

价值引领离不开载体平台建设。一是利用各类大学英语教材、教辅在价值引领中的载体作用，包括纸质书、音频与视频材料、网络链接、微课、慕课等。二是利用通信APP在价值引领中的载体作用。包括教师间、同学间、师生间微信群与QQ群。三是利用纸媒在价值引领中的载体作用，包括大学学报、学院院报、宣传海报、画册等。四是发掘各级组织、团体在价值引领中的载体作用，包括学校、学院党委、各级党支部、党小组、教学团队、学生会、学生社团等。五是利用各类活动在价值引领中的载体作用，包括竞赛、演讲、报告、访谈、会议、公开课、示范课、实践课等。以活动为例，年轻的大学生热衷于各类校园活动，并在参与、锻炼中提升着自身素质。比如组织学生开展与价值引领相关的英语演讲，介绍校园中发生的积极事例等。六是利用网络、广播、电视等媒体在价值引领中的载体作用，比如学校、学院网站、校园广播站、校园电视台等，发挥外语学科优势，实现英汉双语对典型事例的宣传、宣讲，将受众对象扩大到包括外国留学生在内的所有在校学生。

价值引领需要梳理好话题。大学英语教材中包含着诸多西方文化元素，价值观影响潜移默化，且表面看来话题分散、不系统，不易引起师生的察觉与重视。针对这一问题，大学英语教师首先要搜集、整理、研究教材中与价值引领相关的话题，开展对价值引领话题的梳理、创建工作[①]。一是针对大学英语教学大纲中涉及的文化、经济、教育等多个话题，广泛征求任课教师意见与建议；二是通过分工协作与讨论学习，从英语时事新闻、重要历史事件沿革与发展，中西方文化历史发展与对比等方面，筛选价值引领与塑造话题；三是从道德与规范、精神与物质、法治与法规等多个角度，选取与每个话题紧密相关的中英文资料；四是通过观点阐述、数据佐证、案例分析等多种手段，形成系统的大学英语课程教学中的价值塑造话题，最终向语料研究的方向发展。现以我国高校本科普遍使用的大学英语教材《新视野大学英语读写教程》为蓝本略举两例。第一例：第三册第七单元讨论到经济危机下人们失业难以维持生计的话题，文中一位有三个成人子女的母亲却流落街头、老无所依。对此可以把中西方在亲子关系、责任义务方面的差异进行比较，让同学们通过切身体会做出判断，深入理解中国传统文化中孝敬父母，赡养老人，使父母老有所依的美德与价值观。第二例：第四册第五单元讨论到一位在美国移民家庭中长大的中国孩子，因为不了解中国的价值观，当别人评价他"discreet"（内敛）、"modest"（谦虚）时他非常沮丧与恼火。那是由于他对这两个词在中国文化中所代表的含义的误解造成的。价值体系的不同造成了误解，但这样的误解如果任课教师不能及时引导学生发现、思辨，必将把学生带入文化认知偏见的误区。

（四）开展成效研究，评估引领效果

成效研究可以从教师和学生两个层面进行。出台对价值塑造成效的评估办法，通过教师听课、集体讨论、师生典型案例分析及访谈等，研究教师把思想政治教育融入教学能力的评估办法，研究评估学生社会主义核心价值观塑造成效的办法，形成价值引领的具体操作指南并使其标准化和系统化，让价值引领不仅仅进教材、进大纲、进课堂，更要考察其是否进思想、进行动，考察价值引领是否做到"形神兼具"，而绝不是"有形无神"。要做到这一点，教师自身首先要深刻理解和准确把握社会主义核心价值观的精神实质与丰富内涵，才能将价值引领体现在行动上，融入灵魂里。大学生处在接受新事物、新思想最活跃的阶段，总是期待自身观点与问题得到回应。开展针对学生的价值引领成

---

① 邓晖.把工作做进人的心灵里——党的十九大以来高校党的建设与思想政治工作综述[N].光明日报，2019-1-15.

效评估，可以让教师在引领上更精准，做到胸中有数。实践层面，研究如何多样化、动态化、系统化地把价值引领融于大学英语课程。其中多样化包括话题多样化、载体多样化、策略多样化、评估手段多样化等；动态化是指研究总结、创新解决问题的途径并非僵化、一成不变。比如在因材施教方面，分析对待少数民族和汉族学生采取的不同引领方法；系统化包括理论系统化、实践系统化、话题系统化、评估系统化等。

价值引领要有机融入大学英语课程，可以借鉴其他学科课程思政的经验和成果，但不能完全照搬照抄，需结合外语学科独有的特点，从整体上考察融入路径，结合辽宁省高校大学英语课程在价值引领方面的开展情况，多维度地把价值引领融入大学英语课程，除上述提到的六点办法，还包括培养教师育人能力、发挥学生主体作用、党员先锋作用和团队示范作用、针对学生因材施教、改进教学课程大纲、完善教师评价体系等，实现大学英语课进行价值引领的特色创新。通过运用马克思主义学科和外语学科教学研究的理论和方法，把对大学生的价值引领置于大学英语课程实践中，开展两学科间的跨学科研究，实现研究视角创新。每所高校都有自身的育人传统和文化精神，价值引领需结合各高校的自身特色，创建由马克思主义学院理论指导，外国语学院组织实施，大学英语教学一线教师实践，全体在校本科生参与的工作体系。同时，把学院党支部、学生党支部、科研团队、教学团队、学生会等组织部门纳入工作体系，实现工作体系创新。响应习近平总书记的号召，把价值引领"落细、落小、落实"，让大学英语课成为培养崇学向善、明辨乐思、知行合一的社会主义接班人的平台是我们的最终目标。

第四节 大学英语教学的特点及策略研究

大学英语教学的有效性需要科任教师根据教学的特点和目的，采取让学生尝试讲课、组织演讲辩论、背诵单词、组织游戏、穿插文化背景知识等方式，着力打造轻松高效的大学英语教学课堂。

大学教师这一职业一向受社会高度尊敬，殊不知光鲜的背后却有着不为人知的辛苦。越来越多的教师不是患上咽炎就是一上完课便疲惫不堪，还得脸色苍白地奔去下一个课堂，以致除了教学之外对科研、学术会议等其他方面力不从心。对于这一现象，笔者深有体会，感同身受。针对大学英语课堂，是否有方法改善这一局面呢？答案是肯定的。本节将提出一种全新的教学模式，既提升教学效果，使课堂轻松活泼，又提高教学效率，使老师游刃有余，教学科研两不误。

其实，导致部分大学英语教师上完课后疲惫不堪的直接原因就是教学过程中教师占主导地位，他们在马不停蹄地讲解。上课时间一百分钟，仅仅站着就会令人叫苦不迭，更何况还要同时提高嗓门授课。虽然对教师的疲倦表示同情，但是这同时表明这样的教学方法必须改进。课堂上由教师从头讲到尾，其实这还完全停留在中学的教学模式中。尽管每所大学的学生英语基础都参差不齐，甚至部分大学生的英语水平还不及中学生，但是这并不能成为以中学英语课堂的教学方法教大学生的理由。实际上，中学英语教学与大学英语教学有着本质上的区别。

一、大学英语教学的特点

（一）教学目的的全面综合性

中学英语教学为打基础的阶段。由于面临中考和高考，这一阶段主要强调的是"双基培养"，即使学生获得基本的语音、语法和词汇，以及培养学生基本的听、说、读、写技能。而大学英语则是在此基础上全方位提高，重点培养英语的交际功能，即学生的听说能力。除此之外，大学英语教学还增强学生的自主学习能力，要求学生综合运用英语这门语言，运用英语提高自身的综合素质，使用这门工具与他人进行思想沟通，交流信息，实现英语学习的终极目标。

（二）教学方法的多样性

教学目的的不同必然导致教学方法的千差万别。在中考和高考两座大山的压迫下，中学英语教学均以应试为最终目的。而且，衡量好课堂的唯一标准似乎就是升学率。教师就是课堂的中心，课堂上给学生灌入大量的语法以及词汇知识，在标准的填鸭式教学下，学生只能被动地接受。大学英语教学截然不同，强调学生运用语言的能力，提高听说能力的前提下，读、写、译也一样都不落下。教师与学生的角色互换，教师不再是课堂的中心，学生才是。除了向学生传授语言知识和技巧外，教师更重要的作用是引导，培养学生利用语言作为交际工具的能力。

（三）教学过程的互动性

中学教学过程以教师讲解、辅导为主，学生听课，很少自学；大学英语教学中教师主要起引路人的作用，激发学生的学习兴趣，调动学生在课堂上的参与，以多种多样的课堂活动促使学生多自学，并提高其自学能力。中学课堂以语法讲解、词汇扩充为主，以达到应试的目的。大学课堂中语法、词汇早已不是重点，强调的是语篇教学，即在文章的内容中分析词句、分析人物性格、事件的来龙去脉、总结文章的主题思想。语篇教学旨在提高学生运用语言作为交际工具的能力，注重听说训练，常会采用情景、功能、交际、翻译等教学方法①。

二、大学英语行之有效的教学方法

兴趣是最好的老师。大学英语教师的首要职责是激发学生学习英语的兴趣，让其自主自愿地学习。因此，形式枯燥的"满堂灌"教学方法必须彻底改革。近年来，老师在不断更新并改革自己的教学方法，可是究竟什么方法才是行之有效的？每位老师结合自身情况和学生水平有着自己独特的见解。本节笔者将结合自身一线教学的经历，谈一谈大学英语课程如何设计才能够使老师轻松，令学生满意，同时保证教学效果和学习效率。

（一）以让学生讲课的形式，使学生充分融入课堂

以往都是老师在讲台上苦口婆心地讲解，怎么不让学生尝试一下自己教课呢？这一方法完全改变了以教师为中心的"中学式"教法，凸显了学生在课堂中的主导地位。在每个学期刚开始时，教师可让学生自由组合形成人数差不多的几个组（数量可根据具体教材的长短而定）。以上海外语教育出版社的《新目标综合教程》为例，本书共有8个单元，每个单元挑选TEXT A进行讲解，那么就将学生分为8个组，每个组负责讲一个单元。在需要开始讲之前几天老师应提醒学生准备，以免忘记。到开始讲某一单元时，该组的代表先上讲台来把他们组备课所准备的呈现给所有同学。待学生讲课完毕后，老师再上讲台或是点评或是选择性地讲解。这种让学生来讲课的方法大大增加了学生对课堂的参与度，让其充分地融合到课堂中，活跃了原本只有老师讲课的沉闷课堂气氛，同时学生在准备及授课的过程中，自身也得到了全方位综合锻炼。学生自行授课将知识与能力、素质与策略、专业与广博的培养结合起来，建立老师引导、学生践行的教学观念，加强师生互动、学生互动的教学模式，实践证明，是一种有效的方法。

（二）组织演讲或辩论

不定期地在课堂上以组为单位举行主题英语演讲或辩论，这也是提高学生参与度的好办法。学生可围绕一个主题，在网上查资料，在上课时演讲或者辩论。与以往等待老师灌输知识不同，学生以这种方式提升了自学能力，加强了学习的主动性。另外，学生有满足自己与人交流与协作甚至影响他人等需要，集体合作是满足学生基本需求的必要途径。演讲或辩论主题应在上课前一星期给出，以便一个组的同学能够有充分的时间准备。不建议在课上临时布置题目，基于两个原因：一是大部分同学英语基础薄弱，在短短的课堂时间中无法准备出高质量的演讲；二是大学英语课程课时十分有限，课堂时间宝贵。

---

① 彭舜. 大学英语教学与中学英语教学衔接问题研究[J]. 湖北第二师范学院学报，2012（9）：105-106.

如果是演讲，那么就由一个组的同学共同找资料写文章，最后选出代表在上课时演讲。教师根据每个组的表现打分，并计入平时成绩。如果是辩论，同样在组内自行决定立场，然后在课堂上进行组与组之间的比赛。辩论结束后由其他组的成员投票决定谁胜谁负。教师应对于胜方给予表扬，负方给予鼓励，并强调重在参与，胜败乃兵家常事的道理。集体合作学习尊重学生个人，在培养学生交往能力、协作能力和解决问题能力的同时，还刺激了其内在学习动机。这一方法奠定了学生在教学过程中的主体地位，有助于新世界新背景创新型人才的培养。

（三）背单词游戏

不仅是英语老师，只要学过英语的人都清楚，扩大单词量对于提升语言水平的重要性。英语学习像盖房子，语法知识是大梁，英语单词则是一砖一瓦。想要盖牢固的房子，两者缺一不可。学生偏爱通过活动的方式进行学习，但现实教学中的活动太少，授课方式单调，并不能较好地调动学生的英语学习积极性。为了提高学生对单词的熟练度，也为了督促其花工夫背单词，可以在课堂上进行背单词游戏。通常在这个环节以组为单位进行，教师说中文意思，学生站起来说它的英文释义。最快站起来说出意思并答对的就给他所在的组加一分。一轮结束后，可视情况安排是否继续。游戏结束后，视每组最后的分数决定谁赢谁输。这个游戏在整堂课上起到了关键作用，既调节了课堂气氛，又刺激了学生的学习兴趣。教师还不需枯燥无味地照本宣科，苦口婆心地讲解。作为游戏的组织者，教师增强了自身的组织能力，在轻松愉快的氛围下完成了教学任务。何乐而不为？

（四）穿插文化背景知识

有趣的活动是学习动力的基本来源。教师在选择活动时，要尽量以新颖的为主，并频繁变换活动方式，以保证学生长久的兴趣。然而，在选择教学活动时，必须考量活动内容是否能承载教学内容，能否为教学目标服务，绝非"因活动而活动"。

在文章中出现代表西方传统习俗的词汇时，教师可适当展开讲解，介绍该习俗的起源，分享相关的故事。这样一来，生动的故事吸引了学生的注意力，同时还扩展了其知识面，的确是种值得借鉴的办法。例如，在新目标大学英语教程第一册 UNIT 2 的课文中，出现了 Thanksgiving Day（感恩节）这个词，教师就可讲述 17 世纪清教徒不满英国教会统治远渡重洋移居美洲，并得到当地印第安人的帮助获得大丰收，从而决定将 11 月的最后一个星期四定为感恩节，旨在感恩他人帮助的故事。作为英语语言的学习者，了解其国家的文化背景十分重要。类似故事的讲述既吸引了学生的注意力，又为其将来的跨文化交际打下了基础，不失为一种有效的教学方式。

大学英语课堂应是轻松、活泼、能够充分调动学生积极性的课堂，教师也应在健康、乐观、有活力的状态下完成教学任务。通过中学英语教学与大学的对比，大学教师将更清楚自身教学任务的侧重点，更好地向着大学英语教学目的努力。学生讲课、演讲辩论、背单词游戏、穿插文化背景知识等仅仅是众多教学方法中的冰山一角，提高课堂质量，激发学生兴趣，要达到这一教学效果还有很多方法值得探索，真正打造轻松高效的大学英语课堂，革命道路还很长，同志仍需努力。

第五节　合作原则对大学英语教学的启示

格莱斯提出的合作原则是语用学研究中的重要理论。格莱斯将合作原则具体细化为四条准则，即数量准则、质量准则、关系准则和方式准则。格莱斯认为，人们在交流时，总是下意识地遵循合作原则。而一旦违反合作原则，就会产生会话含义。大学英语教学中，如果引入合作原则，并向学生介绍会话含义的产生机制，有助于提升大学生的英语学习效果，提高大学英语教学质量。

一、合作原则

英国哲学家格莱斯（Paul Grice）于20世纪60年代在哈佛大学做了三次演讲。在演讲中，他提出了著名的"合作原则"和"会话含义"理论。格莱斯认为，日常的会话交际之所以能够正常进行，会话双方一定是遵循着某种规则。或者说，为了使会话交际正常进行，会话双方一定是朝着某个共同目标而努力的。经过长时间的思考，格莱斯决定把这种大家都默契遵守的原则称为合作原则（Cooperative Principle，简称CP）。著名哲学家康德在其"范畴表"中曾经列出"数量""质量""关系""模态"四个范畴。这一做法给格莱斯以很大的启示。在此基础上，他又把合作原则细分为四个准则，即数量准则、质量准则、关系准则和方式准则。

（1）数量准则（The Maxim of Quantity）：指会话人所说的话能够满足交际所需要的信息量。

1）所说的话应该满足当前交流所需要的信息量；

2）所说的话不应该包括多于交流所需要的信息量。

（2）质量准则（The Maxim of Quality）：指会话人所提供的信息必须是真实的。

1）不能说自认为是虚假的话语；

2）不能说缺乏证据支持的话语。

（3）关系准则（The Maxim of Relation）：所说的话和谈论的主题是相关的。

（4）方式准则（The Maxim of Manner）：会话人必须清楚地说出自己的话语。

1）不能含糊不清；

2）不能产生歧义；

3）必须简短，不能冗长；

4）保持有序。

二、会话含义的产生

格莱斯认为，在正常的言语交流中，对话双方总是有意或者无意地遵守合作原则，使交际能够正常进行下去。在某些情况下，为了某种交际需求，会话人会公开违背合作原则中的一个或几个准则，从而间接地表达出自己的真实意图。格莱斯将这种由听话人推导出来的间接意义称为"会话含义"（conversational implicature）。

（一）由于违反数量准则而产生的会话含义

在某种交际场合中，会话人为了含蓄地表达某种特殊意思，会有意少提供交际所必需的信息。例如，A 向 B 询问 C 大学期间的学习成绩时，B 知道 C 的学习成绩不太理想，但是又不好当面拒绝回答 A 的问题，只好说了以下的言语："He has made a lot of incredible friends here, impressed every teacher with his beautiful voice and volunteered to help the poor children in some remote places."很显然，B 故意违反了合作原则中的数量准则，没有提供交际所包含的全部信息[①]。B 对 C 的学习成绩只字未提，反而一直强调他人际关系很好，交了很多朋友，声音优美，还自愿帮助偏远地区的贫困儿童。A 知道，B 故意违背数量准则，一定有特殊动机，即 C 的学习成绩很不理想，但又不能直接表述出来。

（二）由于违反质量准则而产生的会话含义

在某些交际情况下，会话人会通过故意违反质量准则，间接地表达出自己的真实意图。例如，A 向 B 询问 Sally 是个什么样的人时，B 的回答是："She has a heart of gold."根据语义学中真值条件理论，这句话的真值条件肯定为假。因为有常识的人都知道，人的心脏不可能是金子做成的。从语用学角度来看，这句话是有意义的。说话人通过故意违反质量准则，向听话人传递了一种隐含的信息，即 Sally 是个心地善良、非常友好的一个人。

（三）由于违反关系准则而产生的会话含义

根据合作原则，人们在语言交际时，必须提供与话题相关的信息，否则会出现所答非所问的情况。在某些交际情况下，会话人会故意违反关系准则，从而传递某种特殊含义。例如，A 和 B 聊天时，A 突然问 B 的婚姻状况如何。这时候，B 是这样回答的："I

---

① 戴炜栋. 构建具有中国特色的英语教学一条龙体系 [J]. 外语教学与研究, 2001（5）: 322-327+399.

enjoy NBA games a lot and watch them every day."B 的回答显然是和 A 的提问无关的。通过 B 的回答，A 可以推断出言外之意。B 认为一个人的婚姻状况是个人隐私，不愿意回答该问题。为了表达出该意图，他故意提供了一个与该话题没有任何关系的回答。

（四）由于违反方式准则而产生的会话含义

根据合作原则中的方式准则，会话人在交际时，应该尽量表达清楚，避免使用模糊和晦涩的言语，从而避免歧义的产生。现实交际中，会话人会通过故意违反方式准则的方式，实现自己某种特定的交际意图。例如，A 和 B 两个人都是中国人，在用汉语聊天。当 A 问 B 小马的人际关系如何时，B 回答道："Let's talk about that in English."B 没有用母语直接回答 A 的问题，反而用了英语这种非母语语言，这显然违背了方式准则。他这样做的目的，无非就是不让旁边的人听到他们之间的谈论，以免造成不必要的麻烦。

三、合作原则在大学英语教学中的应用

合作原则可以应用在大学英语的教学实践之中。通过引入会话含义这一概念，可以使学生深刻地理解会话人的深层含义，从而使学生的语言能力和语用能力得到有效提升。下面就从几个方面来陈述：

（一）合作原则在听力教学中的应用

听力试题在各种英语考试中所占的比重很大。例如，在大学英语四级考试中，听力的比重就占到了 35%。在日常的课堂教学中，授课教师应有意识地引导学生运用合作原则来理解会话人的真正意图。教师可以简单地介绍一下合作原则，并从四个准则的角度为学生提供一些相关的例句。例如：

A：I had a quarrel with my roommate.Every night she stays up very late.I can't fall asleep when she is around making noises in the room.

B：I'm so sorry to hear that.Like you, I'm an early bird, too.It's hard to share a room with a night owl.

Q：What does the second speaker mean?

在这段听力材料中，B 并没有直接表明他对 A 室友的态度。通过说自己与 A 有着相同的生活习惯，间接地对 A 室友的做法进行了批评。由于 A 和室友有着不同的作息习惯，因此，和这样的室友很难相处。

除了短对话，合作原则在长对话和篇章材料中同样可以有效应用。

（二）合作原则在口语教学中的应用

在介绍完合作原则之后，教师可以引导学生逐步提升自己的语用意识，在不同的场合中，对不同的会话人采用不同的说话方式来达到顺利交流的目的。此外，针对不同的语境，教师可以和学生一起探讨，在各种语境下可以采用何种语用策略来进行会话。例如，在下面的语境下：

One of your classmates always comments on other people negatively, which embarrasses you a lot.One day, during a classroom discussion, he begins to comment on another classmate negatively.What could you do to solve this problem?

授课教师可以将学生分为不同的讨论小组，让学生讨论：运用什么样的谈话策略来说服你的同学，使他不再对别人有负面评价。既要做到委婉地提醒你的同学，同时也不能影响你们之间的人际关系。

等学生小组讨论结束之后，可以每个组找 1~2 位同学进行发言，和其他组进行信息共享。通过这样的讨论和分析，可以有效地提高学生的语用能力，将合作原则应用到教学实践之中。

（三）合作原则在写作语教学中的应用

在很多英语测试中，写作题目都有一定的字数限制。这就要求学生必须充分遵守合作原则四准则，在数量、质量、关系及方式几个方面下足功夫。既要保证写作内容全面，论点充足，又要避免赘述、表达力不足。

此外，合作原则在阅读和翻译方面也可以得到有效应用。由于篇幅关系，本节就不再一一展开论述。

格莱斯的合作原则是语用学的一个重要理论。人们在交际时，总是潜意识地遵守合作原则及其相关准则。通过故意违背其中的一个或几个准则，可以产生新的会话含意。大学英语教学过程中，授课教师可以给学生简单地讲授合作原则及其四准则，使学生意识到会话含义的产生机制，并在语言学习过程中有意识地应用该理论。

第六节　有机教育与大学英语教学

有机教育作为后现代哲学的产物，为大学英语教学改革提供了新的视角。有机教育倡导教育要素之间的纵向横向联系，知识学习和个人发展的有机联系，这对大学英语教学改革有一定的启示作用。在教学案例呈现有机教育思想的指导下，大学英语教学对学生知识学习及个人发展起到了促进作用。

大学英语教学一直走在教学改革前列，40多年来大学英语在提升学生英语语言技能方面取得了可喜的成绩，但同时也面临着很多争议和危机。大学生为什么要学英语？大学英语的教学目标是什么？学习者的需求是什么？面对这些质疑，外语界一直在不断地探讨解决途径和改革方向。2016年教育部颁布的《大学英语教学指南》明确指出："大学英语在注重发展学生通用语言能力的同时，应进一步增强其学术英语或职业英语交流能力和跨文化能力，以使学生在日常生活、专业学习和职业岗位不同领域或语境中能够用英语有效地进行交流。"这一指南对大学英语教学提出了更高要求。本节用哲学家怀海特提出的过程实体哲学和教学目的来指导大学英语教学改革。

一、过程哲学与有机教育

怀海特在1929年出版了两本十分重要的论著，即《过程与实体》和《教育的目的》，为哲学和教育学开启了新的时代。第一本书批判了各种实体论，提出了过程论。实体论长期占据了主导地位，认为宇宙万物由实体构成，包括物质实体和精神实体。过程论则避开了对二者的绝对区分，认为所有实体都是处于一定有机关系和发展过程中的，"宇宙有动态性、流变性和过程性，应在动态性宇宙和动态性人类之间建立创新和和谐"。而《教育的目的》一书则认为，教育的目的不仅仅在于传授知识，而要强调教育要素的有机联系，开启学生的智慧，认知自身的责任。Mc Daniel认为，有机教育的教育目标是激发学生的好奇心，发展潜在创造力，培养有责任、有热情、尊重他者和自然的学生。中国学者王治河和樊美筠基于怀海特的哲学和教育思想提出了有机教育，认为教育应该整合各种要素，批判了教育中的碎片化现象，倡导在教育中实行有机教育的方针。这也适用于大学英语教学，避免大学英语教学沦为高四、高五英语学习，避免教学内容低层次重复。大学英语教学设计中，应该让学生学到的知识不都是一些碎片，而是使教学内容无论在语言上还是内容上都整合为一定的知识整体。在教学内容的设计中，应该考虑结合单元文章，梳理出一个系统性的知识板块，将它和其他学科、其他领域的知识结合，使课程讲授不再是语言技能的训练，也不再是翻译机器的训练；使大学英语课程能够实现新的教学目标，使其进一步增强学术英语或职业英语的交流能力和跨文化能力，使学生不仅能够进行日常的交流会话，也能够在不同领域对某一话题进行一定深度的探讨，使大学英语教学实现以英语语言技能为工具，建立和各个领域新的连接点，促进知识和个人的全面发展。

二、有机教育和大学英语教学

有机教育要求教师有"系统归纳、触类旁通的综合能力,在讲授某一知识点时,有必要将其前因后果、相关联系交代清楚",这样才可以有效地避免碎片化教学的弊端。大学英语教材通常是以围绕的某个话题篇章为主线进行单元设计,以《全新版大学英语综合教程》第四册第一单元为例,单元主题为自然力量对战争产生的影响,阅读文章选取了拿破仑和第二次世界大战(以下简称"二战")中的两次极具影响力的战役说明自然力量的强大[①]。学生通过阅读该篇章,能够体会自然的伟大力量。但是教师若能够实践"系统归纳、触类旁通"的有机教育精神,可以以该篇章为火花,点燃一片火海,使学生的视角能够触到更广阔的领域,建立更多的知识联系。如教师可以以希特勒的战争为点,建立起二战的地图,引领学生回顾二战历史,了解更多的二战著名战役、社会民情,以文章为起点,触发学生对二战的回顾及二战的影响,使学生碎片化的知识连接为一个整体,对战争有更全面的认识,植树成林,从中获得启发。

三、教学案例

有机教育强调教师和学生共同合作。如教师需要在课前认真梳理二战的过程,搜索反映二战的视频或文章,使学生了解二战的全貌,在此基础上形成自己的认识。教师可以梳理出以下问题:(1)二战之前的社会、经济、政治情况;(2)二战的起因;(3)二战的参战国及其各国在战争中的表现;(4)二战的经过;(5)二战的著名战役;(6)二战期间的社会、政治、经济、人民生活情况;(7)二战时期人民对战争的态度;(8)二战的结果;(9)二战对参战国及其人民的影响;(10)二战后人们对战争的评价。

教师若在备课过程中不以希特勒入侵苏联的战役为契机厘清二战的全貌,只是把文章翻译一通,让学生背诵单元词汇,学生会觉得该文章枯燥无趣,也就不可能激发其好奇心,发展其创造力。但是如果教师梳理出有关二战的以上问题,就可以让学生了解二战的全貌,在此基础上产生自己的想法。教师既可以自己准备回答以上问题的全部资料进行课堂讲授,也可以列出这些问题让学生课前找到相关内容进行课堂介绍。另外,也可以鼓励学生找出其他和二战相关的议题,以小组为单位,查找相关资料,准备好视频或文字材料,在课堂上进行交流或讨论。由于课时限制,笔者采取第二种办法,提供给学生以上十个问题,让学生组成若干小组选取其中的两个议题进行资料收集,组织材料,进行课堂介绍。

每个小组选取话题后,都对该话题进行了资料搜集和整理,准备了课堂讨论的资料。

---

① 王治河,樊美筠.第二次启蒙[M].北京:北京大学出版社,2011.

由于课后时间较充裕，题目内容较集中，所以每个小组的话题论述内容比较充分，部分讨论还比较深刻。研究二战之前的社会、经济、政治情况和二战起因的小组梳理了二战的起因，认为二战是由经济危机、法西斯独裁、一战影响、绥靖政策等各种因素导致。该小组做完课堂发言后，有学生提出了各个原因是否有联系，大家对此一番讨论。有学生提出正是由于一战的影响，才让英法各国采取了绥靖政策，以致让法西斯壮大了军事力量。通过基本事实的梳理，大家还能发现各个原因的联系，这就实现了有机教育启发学生智慧的目标。每个小组完成讨论之后，大家就对二战的轮廓有了清晰完整的了解。经过教师的精心准备，以课文中的一场战役为切入点，引导学生纵观二战全局，使学生见树又见林，有效地消解了学生对二战的碎片化认识。在小组对所选题目进行陈述时，要求其他小组以表格的形式记录二战的各个要素，既可以理清二战的发展历程，也有利于看到各个因素之间的相互联系。

有机教育作为后现代哲学的产物，完全适用于大学英语教学。有机教育倡导教育要素的有机联系，以开启学生智慧、服务社会为目的的教育思想通过教师的精心设计都能在教学中落实，切实促进教学方式的进步。

第二章　大学英语教学改革的方向与趋势

第一节　大学英语教学改革中存在的问题及其对策

我国 1999 年颁布的最新英语教学大纲明确规定：教学的主要目的是培养学生具有阅读能力和一定程度的听、说、读、写能力及应用和交流的能力。相比于以往的教学计划，这次修订在教学上要求更加严格，比如要求在校大学生在两年的基础性学习中达到四级要求，而部分通过六级。这种"一刀切"的对于教学质量的评定方法值得思索。虽然现在没有要求大学毕业与四级挂钩，但是仍然存在诸多问题。

当然，大学英语教育离教育部新大纲规定有很大差距并且其本身也存在着诸多缺陷和不足，笔者作为参与教学实施的一员也在不断地探索改革之路。

一、大学英语教学现状

改革是继承和发扬两者结合的产物，大学英语教学改革不可避免与其过去及今天紧密相连。因此，在探讨大学英语改革之时有必要对如今的大学英语教学现状进行分析。

1.大学英语是一门相对独立的成系统学科

经过几十年的学科建设，大学英语已经成了高等教育的一个重要组成部分。由于不断地发展和成熟，大学英语依据教学大纲要求形成了一至四级的教学模式、教材模式和考试大纲模式，这些已采用的教学方式和教材都是以语言学习策略和文化素质、语言知识与技能为综合内容的可操作性教学系统。

2.科学的培养目标

在教育部高教司委托下，大学英语指导委员会对 1986 年的文理科教学大纲进行了修改，最终在 2006 年颁布了新的教学大纲。修订版的教学大纲更注重学生的基础培养，更加科学和客观地反映了大学英语教学的培养目标。大纲中提出了一些新的教学原则和教学观点，这对于英语教学活动起着积极的指导作用。

3. 教学手段的多元化

在教育部和各主管部门的共同支持和倡导下，外语教学手段趋于多元化发展，如英语学习课件、网络学习体系、多媒体语言学习系统等。这样的环境使外语学习能够更加方便。

4. 教师队伍素质的提高

随着我国高等教育的不断发展和提高，大学英语教师队伍的素质也在发生变化，一定数量的优秀硕士、博士毕业生参与到了大学英语教师队伍中，并成了各大高校的骨干力量，与十几年前的大学英语教师队伍相比，无论是质量上还是数量上都发生了明显变化。同时，当前的大学英语教师不仅注重教学实践工作，而且在教学之余也注重教学研究，经过十几年的发展，也取得了明显的成果，使大学英语教学不再只是经验之谈。

以上已经发生的这些变化在一定程度上改变了大学英语教学的面貌，为我国大学英语教学工作的进一步开展打下了坚实的基础。

二、大学英语教学中存在的问题

虽然大学英语教学深化改革在不断的进行过程中，由于各个方面的综合原因仍然对大学英语发展有着限制性的客观要求，也就是说，大学英语教学在现阶段仍然存在着一些问题，有待进一步解决。

1. 教学观念陈旧

随着社会的不断发展，外语教学理论研究也不例外地向前推进，近些年来，强调的是"以学生为中心"，各种新型教学方式和教学手段层出不穷，但是"教师中心"这一古老的教学观念从根本上来说并没有发生多大的改变。在英语课堂上，老师仍然采用"满堂灌""填鸭式"的教学方法，英语学习成了老师逐字逐句讲解课文、语法和单词的演讲秀，在这种状况下，学生对于语言知识的学习和接受完全是被动的，在课堂上没有任何实践的机会。教师与学生之间的互动仅限于课文中已有句型的问答，学生和学生之间在课堂上基本没有交流。一些教师由于缺乏课堂教学组织能力，即使安排了教学讨论课，也是马马虎虎地结束，学生之间的讨论成了"形式"。在这种教学观念的指导下，学生的主观能动性得不到调动，语言创造力得不到提高。

2. 不合理的教学安排

首先，初中三年和高中三年的英语学习使刚进校的大学生已经掌握一定的词汇量，并且了解基本的语法知识，但是我们看到的是，如今的大学课堂教学仍然是高中式的以语法和词汇为主。面对这种情况，学生对大学英语的兴趣低落也就可以理解。其次，在课文的学习中，教师往往采用"翻译法"，其所讲授的词汇主要是课文中的某些重点词和课本后面所列出的词汇，而语法也仅仅是要求学生通过记忆和联系强化在课文中出现的知识，在这样的课堂状态下，学习效率很低。

现如今，大学英语还没有单独将培养学生阅读能力作为一项基本技能来开课。这让大多数的学生将阅读能力简单地等价于阅读一篇文章的能力。学生在学习中就所提供的教材来说，阅读量是远远不够的。传统的英语教学强调的是学生对语言知识的学习，因此，在外语教学工作中，教师往往注重学生在阅读文章时候对语法知识的理解，对文章内容的理解，而忽略了让学生阅读篇目的根本作用是培养学生对语言美的感受能力和理解能力。

对于大多数的大学生而言，听力是他们的弱项，虽然每所高校都开设有听力课程，但是由于平时没有形成良好的语言环境，再加上听力课程在量上的不足，以及听力练习的无法保证，因此英语听力的提高极为困难。

大学英语教学中的听和说这两个方面的语言能力都没有被重视。学生不断学习到语法规则、单词，但是他们仍然在课内课外不敢张口，在课堂上频频出现"冷场"，学生的口语能力着实让人担忧。

3. 应试教学理念的影响

当前，影响大学英语的原因很多，但最主要的是应试教学。近些年来，无论是学校还是学生都热衷于各种英语类等级考试，全国大学生四六级等级考试就是一个极端实例。学生将四六级当作进入市场选拔中的法宝。有学校明文规定，本科生必须通过四级考试才可毕业。因为这样的硬性规定，许多高校的大学英语教育与高中英语教育没有任何区别，从学生到老师都将大量的时间花费在怎样运用技巧答题上面，英语的学习不是为了交流的需要，不是为了专业的需要，反而成了高校之间英语四六级通过率比较的需要，四六级考试蔚然成风。高校这种以考试代替能力的做法完全忽略了对学生语言能力的培养，违背了《高等教育大纲》的主要精神。

三、大学英语改革对策

1. 进一步调整大学英语教学目标

近年来随着我国经济的飞跃式发展，与国际间交往的日益频繁，国家对大学生的英语应用能力提出了迫切的要求。教育部指出要转变大学生英语教学思想，将重点放在提高学生综合应用能力上。学生在大学英语学习中应该具备的综合能力应该包括以下四点内容：第一，一定的英语语言知识，这主要包括语音知识、语法知识、构词知识。第二，全面的语言应用技能，如听、说、读、写和翻译的能力。第三，相关的英语文化知识，如英语社会、历史、文化相关常识。第四，了解英语学习的相关学习策略和交际策略。

2. 深化改革大学英语教学模式

现如今各大高校实施的英语教学模式比较适合基础较弱的学生，因为语法、单词的教学是要求学生掌握基本的阅读能力。但是要使学生具备良好的综合应用语言的能力，比如听说能力，就必须对现行教学模式进行改革和调整。这一改革调整措施最为有利的就是将多媒体和网络引进教学中，让仪器设备所具有的软件负责学生的英语口语和听力部分的基础练习，并同时辅助教师的指导，而翻译、写作及阅读能力的培养由教师单独完成。当然一些高校还不完全具备这样的硬件设施条件，但是随着国家对教育投入的加大，这些问题都会得到解决。

3. 提高教师的基本素质

一名合格的英语教师应当起码具备以下几个方面的条件：第一，扎实的专业知识；第二，较高的道德修养；第三，良好的教育执行能力；第四，系统的语言知识。综上所述，外语教师应该具备知识、品行和能力三个方面的综合素质要求才有可能成为一名优秀的英语教师。

英语教师首先要传授学生相关的语言知识，让学生在课堂学习中具备一定的语言技能，因此，教师也应当具备听、说、读、写、译的能力。外语教学不同于其他科目的教学，需要学生能够将其运用，并且实现学生对语言的正迁移，让学生在母语和外语中自由转换、轻松学习。

有很多人认为，提倡"学生中心"会削弱教师的地位，教师在教学中就会变得无足轻重。事实上恰恰相反，"以学生为中心"更加凸显了教师的作用。不同于传统课堂，学生在课堂上除了要调动自身的积极性之外，还要提高其对语言的创造性运用的能力，这就需要学生和教师之间形成交流，教师不能够简单地如传统课堂一样自导自演，而是要成为整个英语学习的指导者、策划者和协调者。在这样的课堂中，英语教师除了需要具备一定的知识能力，还需要具备一定的教育实施能力。

4. 正确对待英语四六级考试

大学英语四六级考试具有一定的合理性：第一，它能够检测学生的英语学习是否达标；第二，可以评估学校的教育质量；第三，可以作为一个信息反馈，为提高教学质量形成依据。无论外语教师还是学生都应该认识到，四六级考试只是一种手段而非衡量学生英语水平的唯一标准。学生在学习中应该注重英语的实际运用能力，为今后的学习打好基础。

目前大学英语教育存在的问题是有目共睹的，而大学英语教学改革却是一个漫长而艰难的过程。外语教师应该用先进的教学理论武装自己，用扎实的专业知识改造自己，用科学的教学方法指引自己积极地投身大学外语教育改革中,为真正实现《大纲》精神而不懈努力。

第二节 大学英语教学改革的必要性

为了提高我国英语教学的有效性,同时增加人才培养的实用性,我国积极开展英语教学的改革工作。英语教学改革尤其必要,这不仅是时代发展的要求,同时也是提高英语教学质量、进行人才培养的要求。下面从教学的不同角度对其必要性进行分析。

一、教学内容改革的必要性

大学英语教学改革中教学内容的改革一直是一个比较棘手的问题。繁重的课时负担使得英语教师在工作中没有精力对教学任务重、教学内容多、教学班级大等实际问题进行探究,教师在教学内容的安排上往往凭借自己的经验。除此之外,大学英语教学课堂多采用大班教学。由于班级规模比较大,学生的英语知识水平也存在较大差异,教师的教学无法达到应有的效果。这些问题的出现都使教师开始反思,大学英语应该教什么?所以,对大学英语教学内容进行改革已经迫在眉睫。

受传统英语教学的影响,我国对英语人才的培养过分注重语言表达形式的教学而忽视语言表达功能的教学。也就是说,英语教学只注重语音、单词、语法的学习,师生都过分重视形式,教师大多是逐词逐句讲解词语句子的含义,着重讲解词法、句法、语法,而学生在课堂上的主要任务就是听教师讲课、记笔记,在这个过程中教师和学生都忽略了语言的实践活动。因此,在这种教学方法的影响下,学生的英语学习提高的只是其"语法能力",而不是其"应用能力"。这在很大程度上限制了学生语言能力的发展。英语教学的目的是为了进行语言的应用,而不仅仅是阅读,更不仅仅是为了掌握单词的意义、明白语法规则,如果不能用英语进行交流,学习英语就失去了意义。要培养学生的英语综合应用能力,就需要在教学内容上进行改革,增加课堂上的语言实践活动,让学生有开口说英语的实践机会,也只有在实践中不断锻炼,学生才能真正提高英语的应用能力,才能够学以致用,达到英语教学的目的。因此,改革英语教学的内容十分有必要。

二、教学方法改革的必要性

英语教学方法很多,其中以语法-翻译法、直接法、听说法、交际法比较常见。这些教学法形成于不同的时期,都曾经对英语教学理论和实践的发展做出了巨大贡献。但是,这些教学方法往往是在一定历史条件下为达到当时的教学目的的产物，它们一方面从各个侧面充实和丰富了外语教学法体系的完整性，另一方面又过分强调了某个侧面，所以有其不完善之处。随着社会的不断进步与发展，社会对人才的需求也会不断变化，因此在不同时期，教学理论会有所不同，教学方法也会有所变化。

近几年，又有一些新的教学方法从国外引入我国。这些新的教学方法为教师的教学提供了更好的参考，然而很多教师面对众多的教学方法却无法正确选择。教学方法的改革是为了更好地教学，在众多教学方法中不应盲目地选择。英语教师应该根据具体的教学情况，运用各种教学法中最有效、最适用的部分，根据具体的英语教学需要，研究出适合本校、本班学生的教学方法。我国英语教学的改革强调以学生为本、突出学生的主体地位，这需要在教学中重视学生的个性，在采用教学方法时重视对学生兴趣的挖掘。因此，在教学改革中我们需要认真地研究有利于激发学生学习兴趣的教法。

三、考试形式改革的必要性

传统的大学英语考试多采用笔试的形式，英语作为一门实践性很强的科目，笔试的考试形式存在较大的弊端。英语综合水平不仅体现在学生的阅读、写作、语法知识、词汇量等方面，真正地掌握英语就必须要使用英语进行交流，而英语听力和口语是英语教学的关键，但是传统的考试模式多用笔试，无法很好地考量学生这些方面的能力。

可见，单纯的笔试既不能实事求是地反映学生的学习状况，也不能对教师的英语教学起到积极的指导作用。同时，这种考试也在某种程度上挫伤了学生的学习热情，使学生对英语学习失去了兴趣和信心。此外，这种考试也忽视了对学生听说能力的考查，而对英语而言，听说能力才是核心技能。

以我国大学英语四、六级考试为例。一直以来，我国大学学生的英语听力水平和口语水平的发展极不平衡。这主要是由于大学英语四、六级考试主要注重读、写、译能力的考核，大多数学生都是为了通过英语四、六级考试而将大多数精力放在了这三个方面的学习上。同时，教师为了保证英语四、六级考试的通过率也仅仅注重这三个方面知识和技巧的传授。尽管近年来英语四、六级考试中增加了听力试题，也逐渐引入了口语考试，但由于我国对英语听说能力教学的长期忽视，师生都认为要提高英语听说能力是事倍功半、付出大收益小的事，因此学生和教师仍然将精力放在对付笔试上。

大学英语考试形式的改革应将口语以及听力考试的方式多样化考虑进去。在口语考试中，教师可以多准备几套试题，这些试题可包含英语听、说、读、写、译等方面，教师根据学生在不同方面的表现判断其语言掌握情况。教师还可以将这些题型进行编号，让学生自主抽签决定题目，学生逐一到教师跟前完成任务。这样的考试形式可以锻炼学生的意志力和沉着应对、随机应变的能力。

对于听力考试而言，教师也应准备多套试题，为了使测试的结果更加准确、公平和公正，教师可以在相同的班级中使用A、B卷。同时，教师在平时的课堂教学中可以进行一些小型的听力测试，可以采用教师读、学生听写的形式，也可以利用语音设备等。学生在这样的听力测试中更容易集中注意力且其紧张的情绪可以得到有效缓解。

总而言之，只有科学、合理的考试形式才能完整全面地检测教师教学的科学性和学生的英语知识和交际能力。

第三节 大学英语教学改革的新要求与新形势

英语作为国际通用型语言，其重要性不言而喻。目前的英语教学体系存在着种种弊端，只有对其进行改革才能有效地促进英语教学质量的提高。因此，本节以我国教学改革的新形势为依托，对大学英语教学改革提出一些最新要求，以期为之后的大学英语教学改革提供一定的思想理论指导。

一、着眼于全人发展，以人为本

英语教学的首要定位就是人的教育，而大学英语教学的首要要求也应当是人本主义。教师要时刻以学生为中心，充分发挥学生的主体作用，注重学生的全面发展，使他们具备持续学习的能力，从而为终身学习打下良好的基础。因此，当代英语教学要求学校和教师着眼于学生的全面发展。要促进学生的全面发展，仅靠帮助学生掌握英语知识是远远不够的，还需要注意培养学生的社会责任感、积极的情感、严谨的治学态度等，因为这些因素对学生的英语学习也有重要的影响。这就要求教师在英语教学中尊重学生，做到以人为本。具体来说，主要从以下几个层面着手。

（一）承认学生之间的差异性

首先我们必须承认，学生之间是存在差异的，每个学生都有其独特的个性。学生的类型不同，其学习特点也存在差异。面对这些差异，教师应该为他们提供与他们的实际学习需求相符的学习指导，同时也为他们提供平等的学习机会。可见，教师在教学中应该具体问题具体分析，做到因材施教。例如，有的学生擅长口头表达，有的学生则擅长书面表达；男生比较倾向于阅读思考，女生则倾向于记忆单词、掌握规则。因此，一名优秀的英语教师应该在教学中根据学生的具体类型和特点进行具体的指导。

（二）相信学生的潜在能力

教师应该坚信，每个学生都具有极大的学习潜能，也都有其自身独特、丰富的内心世界。尤其是在当今科技与网络高度发达的今天，学生在很多方面都比以往更独立，在许多问题上的思考也非常独特。因此，教师应该多与学生沟通、交流，使学生能够将教师视为朋友。同时，教师在与学生平等相处的基础上，应不断获取学生的想法，进而改进自己的教学，为他们提供更加充足的发展潜能的机会。这样，英语教学也会卓有成效。

（三）发挥学生的主体作用

学生主体是指自主地、能动地参与教学活动的学生个体。在英语教学中，教师要尽量做到为每个学生创造良好的教学环境，确保每个学生能够参与到教学活动中，让学生在教学活动中不断地培养和发展自身的自主性、能动性和创造性。

（四）营造和谐的课堂氛围

要顺利地实施情感教学，营造和谐的课堂氛围是较为关键的层面。课堂教学实际上是交际的过程，如果课堂气氛和谐，交际就会有效；如果课堂气氛不和谐，交际就会无效。从某种程度上来说，营造和谐的课堂交际氛围要比使用好的教学方法更重要，营造和谐的课堂氛围有赖于以下三个因素。

1. 提倡宽容的态度

英语毕竟是一门外语，不是母语，我们使用母语都会不可避免地犯错，因此在学习英语时犯错更是在所难免的。长期以来，教师在教学中过于强调语言的精确性，学生只要犯一丁点的错误都会被教师打断并更正。久而久之，学生便产生了挫败感与畏难情绪，甚至出现了"谈英语色变"的情况，对英语学习提不起任何兴趣，那么英语课堂氛围沉闷也就可想而知了。

改革背景下的大学英语教学提倡教师对学生的宽容态度，即教师应该引导学生多运用英语，不必有错必纠。

此外，在英语课堂教学中，教师还需要正确处理学生的突发情况。例如，碰到学生上课打瞌睡，不应当立刻严肃地训斥学生，而应当本着以人为本的态度关心学生。这样，学生对教师心存感激，自然就会努力地投入英语学习当中。

2. 改善师生关系

要创造和谐的课堂气氛，教师首先要热爱自己的学生，给学生创造更多平等的机会。其次，教师要坚持人本主义思想，改变教学重教师轻学生的传统观点，对师生之间的关系进行重新审视和调整。在具体的教学过程中，教师还要为学生提供充足的学习空间，让不同类型、不同水平的学生都能够在学习过程中获得乐趣、成就感和满足感。当学生感受到成功时，就会不断提高对这门功课的兴趣和积极性，这也就必然会推动教学质量的提高。

3. 注重情感交流

研究表明，教师对学生能力的信心在一定程度上直接影响着学生学习的效果。因此，在英语课堂上，教师自身应该始终保持高昂的、乐观向上的精神状态，对学生要倾注所有的热情，并用这种态度将学生的积极情感调动出来。同时，教师要对学生充满信心，多表扬与鼓励学生，提高他们英语学习的积极性与主动性。

二、注重培养学生的综合运用能力

英语教学要注重培养学生运用语言的综合能力，这也是英语教学最基本的目标所在。在新一轮大学英语教学改革中，国家推出了新的《全日制义务教育普通高级中学英语课程标准（实验稿）》，其中对英语课程的内容和目标做了如下表述：基础教育阶段英语课程的目标是培养学生的综合语言运用能力。这种能力的形成建立在语言技能、语言知识、情感素质、学习策略以及文化意识等素质整合发展的基础之上的。要培养学生语言的综合运用能力，教师需要深刻认识以下三点。

（一）语言技能的掌握是学习语言的主要目的

语言技能包括听、说、读、写、译五个方面的基本技能以及其综合运用能力。如前所述，听、读是语言的输入，侧重知识的吸收；说、写是语言的输出，侧重知识的表达；翻译既有输入也有输出。学生在交际过程中通过吸收和表达知识信息，不断地提高语言运用的能力。因此，在英语教学中，教师要引导学生通过大量的听、说、读、写、译的实践，提高综合运用英语的能力。可以说，在英语教学中，听、说、读、写、译不仅是学习英语的目的还是学习手段。

（二）必要的语言基础知识的学习有助于英语学习

学习必要的语言基础知识是形成能力的基础，有利于辅助英语学习。

虽然我们反对英语课一直围绕语法教学进行，反对将英语课上成语法课，但是这并不意味着我们就不需要学习语法了。相反，学习必要的语法基础知识是非常有必要的，这是因为语言的基础知识不仅仅是构成语言能力的重要组成部分，还是培养和发展语言技能的重要方面。

需要注意的是，学习必要的语言基础知识并不意味着把学习语言基础知识作为课堂教学的唯一目的，也就是说，绝对不能把英语课当成语言知识课来上。因为语言知识学习最终的落脚点就是实际的综合运用，只有在学习基本语言知识的基础上，辅以适当的实践训练，才能真正地提高学生的综合运用能力。

（三）语言能力的高低与心理因素和学习策略有关

心理因素不仅关系人的发展，还关系英语的学习。学生只有对英语学习抱着积极的态度，自发主动地参与，才能对英语持有无限的热情与动力，才能学好英语。因此，英语教学一定要注重学生的心理因素。

学习动机是学生学习英语的首要心理因素，而对英语学习的态度、兴趣、情绪则是促使学生产生英语学习动机的核心因素。因此，在英语教学中，教师一定要通过培养学生的学习态度、兴趣、情绪来激发学生的动机。

除了激励学生英语学习的动机，教师还要注重指导学生选择正确的英语学习方法与策略。学习方法就是充分发挥智慧来学习，学习策略让学生在学习过程中不断地提高学习效率，从而产生良好的学习效果。

三、努力提高学生的认识能力

目前，英语教学正在经历由知识型教学向技能型教学转变的过程，也就是说，英语教学不仅提高获得语言的技能，也需要传授相应的语言知识，当然还需要培养并提高学生的认识能力。下面将探讨改革背景下大学英语教学中提高认识能力的意义与途径。

（一）提高学生认识能力的意义

对大学英语教学改革中提高学生认识能力的意义可以从以下两个关系来理解。

1. 母语与英语的关系

我们的知识大都是通过母语获得的。没有学过英语的人，一般会非常娴熟地、得心应手地使用母语，但他们对母语的认识往往是非常有限的。相反，学习英语的很多人都有过这样的体会与经验：人们在学习英语之前，往往对很多母语词汇"只知其然而不知其所以然"，只有学习了英语之后，他们才能形成对这些母语词语的理性认识。

由此可见，学习英语不仅仅是获得知识的一种手段，也是获得一种新的认识方式和认识能力的途径。曾流行于苏联的自觉对比教学法，就是特别强调通过母语和外语的对比来提高学生的整个文化素养，发展他们的智力水平。因此，我们不应该为语言而教授语言，而应该超越语言来教授语言，将语言的教育价值在深度和广度上进行挖掘和探索，而不应该仅仅将其作为一种语言知识和技能来教授。

2. 语言与思维的关系

文化语言学认为，语言与思维是密切联系的统一整体。作为思维的物质载体的语言是思维得以存在和发展的媒介，语言能力的发展和思维能力的发展应当是相互促进、辩证统一的。

语言是人类文化的一种表现形式，它不但凝结了人类的文化成果，还将各个民族的文化（如思维方式、价值观念、审美情趣等）按照一定的结构形式（如词语的概念、组合、排列等）表现出来。通过对英汉词汇语义的对比我们可以发现，由于英汉两种语言分别产生和发展于不同的社会形态和历史背景之下，它们的词汇系统之间很少出现语义一一对应的现象。英汉词义大部分都是不完全对应的，即介于完全对应与无对应之间。例如，英语中的 brother 既可以表示"哥哥"，也可以表示"弟弟"；而英语中的 cousin 一词囊括了旁系亲属同辈的所有男性和女性。相比之下，尽管汉语中有丰富的关于亲属关系的词汇，但是无法实现与上述英语词汇的完全对应。

以上这种英汉词汇之间存在的差异实际上反映了英汉两个民族在社会背景、历史背景以及思维方式上的差异。中国深受两千年封建社会体制的影响，遵循以家庭为中心的等级制度，崇尚"君臣父子"的尊卑；西方社会却不然，西方社会步入资本主义社会的时间较长，他们崇尚个体独立，提倡个人解放，反而对家庭观念缺乏一定的重视，这就致使在表达亲属关系方面的词汇相对较少，表现个人独立意识的词汇和表达却相当丰富。例如，在英语国家中，人们认为 privacy（个人的隐私）是神圣不可侵犯的，在汉语中它却没有如此重要。

可见，学习语言不仅是学习词汇与语法，同时也是学习如何进入一种新的文化视野，经历一种新的思想观念的冲击，进而受一种不同环境下民族的思维方式的影响和诱导。如果英语教师能够对这一层面有深刻的认识，那么必然会在教学中不断有目的、有计划、有意识地发展学生的认识能力和思维能力，使学生能够不断形成新的认识机制和感受机制。

（二）提高学生认识能力的途径

要想在英语教学中不断提高学生的认识能力，就必须要选择合理的教学途径和方法。具体来说，要做到以下两点。

1. 坚持以话语为中心的教学

英语教学经历了词本位教学（翻译法），到句本位教学（听说法），再到话语本位教学（交际法）的发展历程。

从语言与思维的关系来看，词是概念的表达形式，句子是判断的表现形式，话语是智力本质的推理活动的表现形式。语言与思维应该与话语相统一。侧重翻译的本位教学法和侧重听说的句本位教学法都是脱离一定的思维活动的，采用这两种方法的教学会导致学生机械无意识的模仿和重复性的活动，并且无法有效地锻炼学生的智力。而在话语本位教学中，话语包含词语与语境之间的衔接连贯等因素，被视为基本的言语交际单位，更体现语言的整体性及连贯性。

此外，话语分析和篇章语言学的兴起不仅为话语本位教学提供了一定的理论基础，还为其提供了一些具体的分析方法，并且使教学活动更为科学化和系统化。因此，英语教师不仅要掌握这些理论，还要将这些理论与具体的教学实践联系起来。

2. 坚持"文道统一"原则

众所周知，语言与思想密不可分，语言教学应当与思想教育活动统一起来，在教学过程中同时兼顾训练与思想教育两方面的内容，这就是所谓的"文道统一"。

传统的英语教学存在一定的弊端，如注重形式、轻视内容，注重技巧、轻视智能。语言是工具，但语言教育的目的是超越工具这一范畴的，其宗旨是达到更高层次的教育目标。而坚持"文道统一"是实现这一教育目标的最好手段。具体来说，教师要做到以下几点。

（1）提高自身的素养。在英语教学中存在着一条普遍的规律称为"自理同构律"，也就是说，教师将希望寄托在学生的每一种素质和能力上，而教师应在教学之前具备这些素质和能力。可见，要想有效地提高学生的认识能力，教师在备课中进行"智力投资"是首先必备的条件，只有首先经历了情感层次的智力体验，才能将这些体验转嫁到学生身上，让学生身临其境。

（2）在阅读教学中，教师应该对文章的整体层次和结构有一个深入的了解和认识，然后引导学生对其中有价值的、富有文化底蕴的内容进行挖掘和探讨，使学生在语言学习的过程中也能感受到真善美，人格也在不断地升华。这样的教学方式不仅提高了学生的认识能力，还提高了学生的人格修养。

四、充分利用多媒体、网络技术

与传统的大学英语教学相比，多媒体、网络教学给学生的英语学习创造了一个完全自由、自主的学习空间，其本身存在着很多的优势。

第一，计算机软件可以为学生提供地道的发音，生动形象地将知识内容呈现给学生，便于学生理解和记忆。

第二，多媒体技术将图、文、影、像等教学资料统一地结合起来，让枯燥的文字充满色彩，这样的方式很容易激发学生的学习兴趣，还突破了时空的限制，学生不必再拘泥于课堂学习，可在任何的时间、地点进行自由学习，其在增加学生学习时间的同时，还激发了学生的学习兴趣。

第三，网络技术为学生提供了充足的、自由的空间，学生通过网络学习，同时教师也可以通过网络给学生布置任务、评定任务。这在一定程度上减轻了教师和学生的负担，有助于培养学生的自主学习能力。

因此，在教学中教师要充分利用多媒体、网络技术，最大限度地发挥多媒体、网络技术对英语教学的作用。

五、提升学生的文化素养

语言是文化的载体，是反映民族文化的一面镜子，语言与文化具有密不可分的关系。我们学习英语，不仅仅是学习英语这一门语言，还要学习英语背后所蕴含的丰富文化。

经济、技术、信息的交往和商品、资本、人员的流动使世界各国的文化突破特定的地域环境和社会语境，融入全球性互动的文化网络之中。多元文化已成为文化的基本格局。在这样的时代背景下，文化素质的培养毫无疑问成为大学英语教学的重要内容。

六、评估方法多元化

教学目标是否实现要依靠教学评估来检验，因此评估是大学英语教学的一个重要方面。

多年以来，大学英语教学采取单一、机械、落后的评估方式，忽视了英语教师对自己的教学和学生对教师的教学的评估，忽视了学生的自我评估和小组评估，过分夸大了评估的选拔作用而忽视了其反馈功能，既不利于发展学生的合作精神，也不利于建立和谐的师生关系。

时代的进步对教学评估方式提出了新的要求，如测试中的客观题减少，主观题增加；终结性评估不再"独霸天下"，增加形成性评估权重等。随着人们对教学评估改革意识的增强，依赖于网络而实现的评估方式也逐渐发展起来。这些评估方式大多具有开放性、形成性和多维型的特点。例如，允许学生多次考试，让他们看到自己的进步和成功，尊重每位学生的学习速度、学习阶段和自我感受，让他们为完成学习任务而学习，而不是单纯为了应付考试。

第三章　大学英语教学方法

第一节　大学英语教学方法的创新

大学英语作为高等教育中重要的课程，是大学教育发展的重要组成部分，对于学生英语学习能力的进一步深入和提高起着至关重要的作用。但是教学效果的好坏与教学方法的应用关系十分密切，并发挥着特殊的作用。在当前大学英语教学的背景下，传统的教学方法已经无法适应当前时代的发展和社会需要，因此必须建立一整套创新的教学模式。本节从当前大学英语教学方法创新改革的必要性出发，接着对当前教学中存在的问题和不足进行了分析，最后提出运用互动式教学方法、肢体语言教学方法、角色扮演的教学方法等进行大学英语教学方法创新的对策建议。

在大学英语传统的教学方法中，其宝贵的经验和方法虽然也能以一定的方式进行，也可以助推当下的教学课程改革，但如何将创新的传统教学方法融入日常的课程中去，是当前许多高校需要面临和解决的重要一环，也是能否进一步深入开展大学英语教学的重难点。想要打破长期以来英语学科高等教育的瓶颈和桎梏，需要我们处在一线的老师以一个全新、全面、辩证的视角去看待，从而促进高校以更加科学的态度发展大学英语，满足大学英语课程教学的需要。

一、创新当前大学英语课堂教学方法的必要性

（1）改革课堂教学方法对推动网络化教学的模式至关重要。对于网络化教学模式的应用，目前在许多高校的教学中都是在慢慢兴起的状态，还远远谈不上普及的程度，主要表现在两个方面：一是在国内的高校中，因为客观的原因，相当一部分高校在财政上捉襟见肘，所以没法实现网络化教学的全面覆盖；二是网络化教学的真正意义已经引起广大高校的重视，但是目前正处于试错和不成熟的阶段，对于高校来说还没有一个整套的固定模式可以为自己所用。此外，传统的教学方法并非一无是处，将其与现阶段的先进学习方法相结合是十分必要和可取的。

（2）教学方法的选择是保障教学质量的关键因素。先进的教学模式和教学方法离不

开老师的灵活运用，因为不管是方法、模式还是内容手段都是人为创造出来的，最终也是靠人为来进行操作和实践的。即使多媒体的教学方式，通过网络、课件的演示等呈现出来好的内容，但是终究只是一种教学的辅助工具，永远不能代替人为的因素。有这样一种说法，"随着互联网技术的发展，教师将在不久的将来失去工作"，笔者认为这是十分荒谬的。鉴于此，我们应该不过分迷信、盲目依靠先进的教学方法，采用既有的教学方法或教学手段，结合网络教学的特点，重视发挥教师作为教学的引导者、组织者的重要作用。先进的教学设备不是决定教学质量的重要因素，如果不当使用，不仅不会起到辅助和促进作用，还有可能干扰到课堂教学，使学生抓不到课堂内容的重点，使先进的技术只是流于形式。因此，通过探索和实践不断改革教学方法，充分发挥教师的主导作用，同时体现学生的主体地位，这才是提高教学质量的关键。

（3）通过课堂上的互动和语言训练，才是大学英语课程的内在要求和本质。通过进行方法上的创新，在课堂上进行互动和语言上的训练，从课程性质的角度出发，是十分必要的。大学英语教学的目的是使学生掌握英语的基本交际能力，在听、说、读、写、译五个方面进行全方位的提高，具备了这些能力，尤其是听说能力，才能够真正将英语应用到日常的生活和工作中。因此，这意味着教师必须在课堂上通过与学生之间的频繁互动，在课堂的教学过程中实现英语交际的教学，训练学生的语言技能，让学生在反复的实践和应用中相互作用，逐渐提高其英语语言的交际能力[①]。

二、传统教学模式下大学英语教学存在的问题和不足

（1）传统大学英语教学模式下，主客体位置倒置，老师处在教学的中心位置，学生更多的是从属位置，这是极不符合教学规律的。大学英语作为一门应用性极强的课程，其教学的基本要求是学生通过听说读写的训练，掌握加工语言信息的能力，并通过一定的形式进行表达，因此这样的特点就决定了学生必须在实践中全面发展自身的英语能力。但是，据笔者观察，传统的教学模式下，大多数教师占用了大部分的教学时间，使学生没有时间进行实践训练，学生处在一个被动接受的角色，被灌输了太多的单词和固定句式而缺少实践的训练，使得即使学习了英语，但是学生还是不能很好地运用。

（2）传统大学英语教学模式下，多以固定句式和单词为主，效果较差。在大学英语的课堂教学过程中，许多教师采用的教学模式还都是类似于语文的教学方法，重在对英语原文的语法解释和单词讲解，提出让学生重点掌握长难句，或是直接背诵一些句子，这样对于学生英语能力的提升几乎没有什么好处，学生将语法知识掌握得很好，但是在实际与外国人交流过程中，大部分对话的语法可能是不严谨的，还会存在错误，因此活学活用在英语的学习中是十分重要的。

---

① 李建萍.分级教学背景下大学生英语词汇学习策略的调查和分析[J].黄山学院学报，2009(8)：99.

（3）传统大学英语教学模式下，英语学习的四要素缺乏有效衔接。英语学习中有重要的四要素，分别是听、说、读、写。这四个部分在大学英语的学习中应该是相互联系、不可分割的。但是据笔者观察，目前这四个部分大多还是相互分割的，没有形成一个有机联系的整体，比如学生在上听力课时，就是在单纯地进行听力训练，缺少写和读的环节，这就很容易造成教学效果的不佳，所以在上听力课时学生不应该纯粹地进行听力训练，可以加入读、写、说的环节。如果我们把这四个方面的教学内容结合起来，学生就能够很容易地把他们的听力和阅读信息与自己的学习结合起来，学习效果自然会很好。

三、创新我国大学英语教学方法的对策建议

（1）运用互动式的教学方法。互动式教学作为一种创新的教学方法，在当下的教学过程中得到了广泛的使用[1]。这一教学模式是指老师在授课的过程中，为学生创设一个互动的教学环境，学生在这种轻松愉快的互动交流中，能够自由地表达自己的观点和意见，从而激发学生学习的积极性，通过一定的试验发现这种教学方法对于大学英语课堂教学效果的提升具有非常明显的提升效果。在英语课程的教学中，教师可以向学生提出一个或多个问题，根据学生的能力不同进行相应的指导，使学生成为解决教学问题的主体，让其进行分组讨论。

（2）运用肢体语言的教学方法。将肢体语言的教学方式运用到大学英语的教学中，使教师运用肢体语言进行教学内容的表达，从而为学生创造轻松快乐的学习环境，使学生自由学习。大多数语言的表达也是通过肢体的一些动作进行表达的，虽然没有具体的语言，仅仅是一些无声的表达，但是效果是十分明显的。通过这种教学模式，使其本身生动、活泼的特点能够发挥得淋漓尽致。大学生大都已经成年，其模仿能力一般都较强，在教学中，教师可以根据教材的内容，生动地表现出语言所要表达的形象，不仅能够激发学生的求知欲望，而且能够引导他们积极参与。这样一来学生在模仿中体会到了学习英语的乐趣，长此以往，就会变得更加愿意学习英语。

（3）运用角色扮演的教学方法。角色扮演的教学方法目前已经在高校中得到了广泛的推崇。角色扮演的方法就是在教师的指导下，教师根据教材内容的特点，要求学生进行相应的发挥，进行对话与交流。在教学过程中，英语教师可以根据自己掌握的学生英语学习的能力进行实际教学，教师还可以把教学内容编译成故事，让学生根据自己的性格或喜好进行自由发挥，与其他表演者进行口语交流，这样一来不仅可以提高他们的语言表达能力，还能极大地锻炼他们的外向性格。

---

[1] 黄建滨，邵永真.大学英语教学改革的出路[J].外语界，1998（4）：20-22.

第二节　多学科交叉视角下的大学英语教学方法

隐喻自动识别关键的第一步是要解开人类对隐喻理解的认知机制，建立语言的形式化模型，使之能够以计算机能够识别的形式表示出来。这一过程很大程度上需要依赖认知语言学理论的指导。目前关于隐喻计算研究的综述性文章主要是针对隐喻模型设计、知识库和数据资源建设及隐喻处理的应用方面进行介绍的，而本节将从认知语言学和计算机科学的交叉角度对隐喻识别所涉及的理论和方法进行探究。本节主要研究多学科交叉视角下的大学英语教学方法探究。

一、隐喻识别的认知语言学视角

（一）基于文本线索的识别

隐喻表达的特征之一是具有一定的语言标记，可以把这些语言标记作为隐喻识别的线索。这种研究思路在隐喻识别中非常直观，起到一种"路标"的作用，具有较高的价值。通过隐喻标记语的明确指示，做出不能对该话语做字面意义理解而应做隐喻意义理解的明确引导。由于隐喻标记语的介入，人类对隐喻进行推理的时候，就能很容易地领会蕴藏的意图，从而做出正确的隐喻识别。因此，隐喻标记语的使用明示了话语的语义逻辑关系，对隐喻的人脑推理过程起到了明示的语用制约，从而帮助理解与识别。束定芳总结了隐喻表达的七种文本线索标记：

（1）领域信号或话题标志。如 intellectual stagnation（智力上的停滞）、psychic eddy current（心理旋涡）、时间隧道、历史悲剧。（2）元语言信号。直接用 metaphor、metaphorical、metaphorically 或"比如"等字眼。（3）强调词信号。In fact、literally、actually、really，汉语中的几乎、差不多、简直等。（4）模糊限制词。如英语中的 a little、practically，汉语中的"有点""某种意义上"等。（5）表示隐喻转换的上义词。如 sort of、type of，"某种"等。（6）明喻。明喻是隐喻的一个种类，其比喻词 like、as，"好像""仿佛"等明确表明这是隐喻式话语。（7）引号。

根据上述认知语言学理论，在隐喻计算机自动识别领域，有一些研究工作是针对文本中的线索而进行的。

（二）隐喻本质

概念隐喻观运用源域与目标域之间的映射以及意象图式来解释隐喻现象，认为隐喻的本质是以一种事物去理解另一种事物的手段，从一个比较熟悉、易于理解的源域映射一个不太熟悉、较难理解的目标领域。人类对隐喻识别是指在语境中发现隐喻表达，找出源域、目标域及映射域的关系。束定芳归纳了人类对隐喻识别的两种基本方法：（1）基于文本线索；（2）基于语义冲突。在认知语言学背景下，隐喻被普遍认为是一种思维方式和认知模式。概念隐喻理论认为隐喻是利用一种概念表达另一种概念，需要这两种概念之间的相互关联。这种关联是客观事物在人的认知领域中的联想[①]。

（三）基于语义冲突的识别

人类对隐喻的理解首先建立在上下文语境的基础上，根据语言认知系统知识库及涉身概念知识库，对语言形式和字面意思进行分析，确定源域与目标域的语义冲突，并运用概念联想提取机制判断出映射关系，最后做出概念隐喻的判断。多数隐喻的出现并没有什么明确的信号或标志，需要通过对语义冲突的理解来识别隐喻。语义冲突也称为语义偏离（deviation），指的是在语言意义组合中违反语义选择限制和常理的现象，是隐喻产生的基本条件。语义冲突可以产生在句子内部，也可以产生在句子与语境之间。Ortony 认为某一语言表达成为隐喻的第一要素是从语用角度或从语境角度看，它必须是异常的，即从其字面意义来理解有明显与语境不符合之处。人类需要根据话语的字面意义在逻辑上或与语境形成的语义和语用冲突及其性质，判断某一种用法是否属于隐喻。

二、交叉视角的文本表达

（一）基于文本线索的方法

因为更多的隐喻不具有明显的语言标记，所以这种基于文本线索的方法只能作为一种辅助来提高识别效果。在对隐喻标记统计的基础上，把标记隐喻的语言信号分为若干类别，并考察其在文本中的出现频率与隐喻的使用关系。研究表明，虽然带有语言标记的隐喻句在隐喻句总数量中存在的比例并不大，但是存在隐喻标记语的书面语中隐喻的比例达到了大约 1/2 的比例。除了隐喻标记语的词汇层面，Ferrari 还把句法分析作为文本线索进行隐喻识别的研究。例如，通常作为隐喻标记的单词 metaphor，在句子 "A metaphor is a figure of speech where comparison is implied." 中作为主语出现，此句不再是隐喻，metaphor 也失去了标记的功能。这种方法概括起来就是利用规则约束与机器学习相结合，从语料库中统计隐喻的语言标记和句法信息出现的概率，以此作为文本线索进行隐喻计算机自动识别。

---

① 李芳. 英语教学法 [M]. 北京：高等教育出版社，2001.

（二）基于语义知识的方法

对基于语义知识的方法进行了早期的研究，建立语义冲突分类体系，并手工建立了语义知识库，但对大规模的语料分析具有局限性，也耗时耗力。Mason 通过大规模语料库自动获取词汇的优选语义，从领域语料库获得词汇的语义特征，对比特征语义冲突完成了概念映射的优选。但由于领域知识库规模不足，此方法只能处理与动词相关的较简单的概念隐喻，对于复杂映射具有很大的局限性。利用词典和语义搭配知识是基于语义知识方法的另一项应用。如 Krishnakumaran 利用英语词典 word-Net 得到了语义知识，计算词语在语料库中语义搭配的概率。同样，杨芸利用《同义词词林》和《词语常规搭配库》来识别汉语语义搭配型隐喻。另外，机器学习方法是隐喻自动识别研究的一个新方向，在处理海量信息上有着明显的优势和广泛的应用。面对日益增多的数据与计算机技术迅速发展，广泛地尝试探索基于机器学习的隐喻识别研究十分必要。基本上，此方法就是把隐喻识别的问题转化成文本分类问题，最终达到识别目的。

三、总结

（一）语言学家与计算机研究者携手共进

语言学与计算机科学对于隐喻识别，有着共同的研究处理对象及共同的奋斗目标——揭示人类语言中隐喻的秘密，开发人类语言智能的功能。利用计算机对隐喻进行识别，基于规则和统计相结合的办法是有效办法之一，但是任何一种方法都有它的局限性。计算机固然可以迅速地从大规模的语料中获取隐喻知识，解决系统的一些具体问题，但是不能解释确切的运行机制和其中的规则到底是如何建立的。所以需要语言学家对语言进行描述与规则制定，实现计算语言的形式化，这些都是跟语言学的基础理论分不开的。同样，语言学也需要进一步现代化。而计算机隐喻识别所提出的一系列新的方向与需求，一方面启发语言学家从新的角度去思考和探索，这必将深化语言学的理论知识；另一方面，通过计算机改造语言学理论，可以促进语言描写的形式化、科学化和精密化。计算机科学的发展，不但为语言学提供了现代化的研究手段，而且扩展了语言学的研究视野。因此，语言学家与计算机研究者加强合作与支持，才能促进隐喻研究的重大突破。

（二）隐喻知识库与英语教学

隐喻知识所提供的实例分析和分类帮助学生形成系统的理解和有序的逻辑思维，分清隐喻表述的各部分关系，代替死记硬背的学习方式，遵循有效的认知规律，从语言学习的根源和理论上整体把握，从而提高对语言深层次的理解，提高学习的效果，增强英语语感。隐喻的各种计算模型往往需要一个或多个知识库的支撑，这是由隐喻的认知性所决定的。知识库中除了三个例句，还给出了与 force 类别相关的隐喻类别（Related metaphors: related to Causes are Force），指出了隐喻的源域（substance, contents, container, hitting）和目标域（force），另外还有简要分析以帮助理解（note）。例句中都包含概念隐喻的影子，借助概念隐喻可以认识到隐喻表达形式的根源，将原本分散的形式内涵按根源进行归类。隐喻知识库所提供的概念隐喻系统使语言学习者了解到隐喻生成机制的原理，利用映射原理对知识系统分类整理。

第三节 基于提升课堂学习效率的大学英语教学方法

一、传统大学英语教学方法的特点和不足

（一）传统英语教学方法在听、说、读、写方面没有好地衔接

听、说、读、写是大学英语教学的四个有机组成部分，在当前的大学英语教学中，这四个方面很大程度上都是相互割裂的，以至于学生在听力课上只是纯听力训练，在阅读课上只是一味地读课文，而在口语和写作上经常无话可说，无内容可写。如果将这四个方面的教学内容很好地结合起来，学生便能够将其在听力和阅读上所获得的信息结合自己的观点加以整理，自然就有话可说，有内容可写了。

（二）传统大学英语教学方法以语法解释法和翻译法为主，效果欠佳

大学英语是一门应用型课程，其最基本的要求是学生能够通过听力和阅读训练，学会高效率的吸收和处理信息，通过口语和写作表达信息，这决定了学生必须在实践中培养英语综合能力。然而，传统大学英语教学中，教师的满堂灌输占据了课堂大部分时间，学生缺乏时间进行有效的训练，致使他们即使听懂了也不会实际应用。在大学英语课堂中，很多教师遵循的教学模式仍然是解释课文语法，帮助学生翻译长句难句，或者让学生死记硬背课文内容。笔者在教学实践中发现，很多学生对语法掌握得非常清楚，但是在英语表达中仍然错误连篇。例如，两位老朋友十年后第一次见面，刚开始都没认出对方，等互报姓名后，其中一人感叹道："我都没有认出你！"。在这种情景下，很多对时态非常精通的学生都会错误地表达为"I don't recognize you."这是因为学生在语法解释和翻译法的教学中，只懂语法，而不知合理使用语法，只知按字面翻译而不知如何从意思上去理解。在传统大学英语教学方法中，教师起着绝对的主导作用。

二、大学英语教学方法改革探索

（一）教学上应将听、说、读、写四个方面进行有机整合

心理学家认为，知识的获取需遵循相应的规律，母语习得者之所以学习效率高，是因为其能够将所获取的信息进行统筹管理，分别储存于短时记忆和长时记忆系统中，无论是短时记忆还是长时记忆，有逻辑联系的信息回应能延长记忆时效，而且便于提取。笔者曾根据以上两点进行相应的教学改革，但是发现仍然有很多问题阻碍教学的顺利开展。最大的困难是学生英语水平有限，无法做到以学生为主体的教学模式，然而通过听、说、读、写四方面教学的整合，能够很好地解决这一问题。通过及时、不断地提取信息，记忆便能得到强化。首先，可以布置给学生预习任务，让学生通过网络教学系统学习相关的音频、视频和文章，在练习听力和阅读的同时对课文主题有一个很好的概念，且积累一些课上可能会用到的词汇、短语和观点。其次，由于学生课前的积累，在课堂上教师便能非常轻松地引导学生进行课文的学习和理解，并引导学生针对其内容发表自己的见解，课堂氛围和效果会得到很大的提升。最后，让学生在课后通过互联网查询支持自己观点的相关信息，最终在所学语法知识、词汇短语以及相关内容素材的帮助下写出与该主题相关的短小文章。通过听说读写四方面的有机结介，可以很好地帮助学生建立自信，增加教学效率，提高学生的英语学习兴趣和动机。

（二）摆脱教师的绝对主导模式，实现以学生为中心的主题教学模式

"以学生为中心的主题教学模式"可以从听、说、读、写等方面围绕一个具有逻辑关联的话题，学生以个体或团体形式进行训练，将其所学词汇、语法应用于学习训练之中，也可以通过这种教学模式，巩固加强学生对课文所蕴含知识的理解。认知主义心理学代表人物之一布鲁纳（J.S.Bruner）认为，学习是认知结构的组织和重新组织，学生知识的获得不是教师灌输给学生的，而是要学生自己主动去探索和发现。英语教学的过程理应是引导学生在课堂及课后进行有效的实践训练，提高信息吸收的效率，并将其所学语法知识通过反复练习训练成一种思维方式，从而提高英语表达的准确性和高效性[①]。传统教学主题内容过于空洞、乏味或绝对，致使学生无话可说，或者有话也懒得说、懒得写。很多教材的单元主题往往是校园生活、恋爱等已经被反复练习和论证的话题，学生已经对此产生了厌倦感，故而，对教学主题的选择，应该注重在知识上激发学生的求知欲，在内涵上值得学生深入思考，在争议上允许学生在适当范围内提出各种不同的观点。

---

① 汤闻励.非英语专业大学生英语学习"动机缺失"研究分析[J].外语研究，2012（1）：70-75.

（三）改变传统的语法解释和翻译法教学

其实，很多学生对语法知识已经很是明了，但是使用起来还会出错。语法本就是种说话的规则，学完规则还不够，更重要的是学会如何应用规则，将规则训练成种说话的思维方式。然而，我们传统大学英语教学只注重遍遍教学生规则，而不引导他们去应用规则，这显然是不科学的，也是导致现在很多学生英语表达能力弱的重要原因。因此，我们应该在传统英语教学方法的基础上，增加新的训练模块教学，引导学生将所学知识应用到英语实践中去，提高其英语表达能力。中国传统英语教学，从初中开始便特别注重语法教学，但经过初中、高中和大学的学习，很多学生的语法应用能力仍然很差。在2011年英语专业八级考试的21份试卷中，"汉译英"部分得8分以上的试卷只有19份，很多答卷语法错误连篇。例如：匆忙与休闲是截然不同的两种生活方式。有些人译为：Hurry and soft is twodifferent life style 或者 Both busy and free are two different wayof living 这两句是比较极端的翻译，完全没有顾及学了十来年的语法，还有很多答卷也是或多或少有语法错误。

三、"后方法"教育理论的路线图

后方法时代外语教学思想认为没有一种现成的最佳方法可一劳永逸地用于教学，主张外语教学应摒弃传统教学方法思想束缚，从更广阔视角探求突破传统教学方法思想的教学新理念和新途径。它倡导最大限度关注教师教学方法运用和支配自主性及创造性，主张由一线教师据自身学习经历、教学理解及教学理念、风格和经验，进行自我观察、分析、评价，塑造并改进课堂学习，构建"由下至上"（down-top）适应具体教学情景、立足课堂教学的教学理论体系。"后方法"理论的提出者——美国学者库玛（Kumaravadivelu）据此初步构建起一个由特殊性（particularity）、实用性（practicality）、可能性（possibility）三个基本参数组成的第二语言教学和教师教育的三维系统，并勾勒了一幅"后方法"教育的路线图。

（一）实用性参数

实用性参数涉及范围更广，它直接影响到课堂教学中理论和实践关系的处理。在实践中，鼓励教师将个人实践理论化，再将个人理论用于实践，有助于教师理解和明确问题所在，分析和评价信息，对各方面进行考量和评估，从而选择最佳方案，并做进一步批判性评估。由此，实践理论便涵盖连续性反思和行动，教师领悟性和直觉力构成了实践性的另一方面。教师在实践中积累着某种无法用言语表达的感受与知识，在此过程中使有关最佳教学"意义建构"随着时间不断成熟。这种建构看似是本能、独有的，但它是由主导微观课堂环境的教育因素和源自课堂之外的社会政治因素形成和建构的。因而，"意义建构"要求教师不仅将教育视为课堂中最大化学习机会的一种机制，同时也是一种在课堂内外理解和改变"可能性"的方法。从这种意义上讲，实用性参数便转化为可能性参数。

（二）特殊性参数

特殊性参数要求任何相关语言教育都需注意存在于特定社会文化环境中的教育机构特殊性以及机构中教师和学生的特殊性，还要注意学习目标特殊性。这种特殊性与包含一整套基础理论原则和普通课堂实践的既有的教学方法理论不同。从教育视角分析，特殊性既是目标也是过程，即在教育中我们要同时注意追求目标特殊性和教育过程特殊性。它是教学手段和目标的一种过程性发展。特殊性也是一种能力，可以用以衡量对开展外语教学当地的教育机制和社会环境特殊性的敏感程度。特殊性始于个人或集体教师，通过观察他们的教学行为、评价教学成果、辨识教学问题，找出解决办法，从而进一步尝试分析可行与不可行的方法。由此，观察、反思和行动构成的连续循环为环境敏感性教育理论和实践发展提供了前提。特殊性深刻蕴含在教学实践中，没有教学实践也就无法实现或理解特殊性，因此，特殊性与实用性参数亦相互交织。

探索更加适合非英语专业学生的英语教学方法，在短期内通过教学改革提高学生的听说读写等基本能力，在长期内提高学生的英语综合素养。

第四节 大学英语教学方法中的情境英语教学法

在我国的大学教学工作有效开展的过程中，一直都在追求创新。因此我国的大学英语在教学的过程中也在进行不断地摸索和创新。使大学生产生仿佛置身于英语世界的感觉，在轻松、愉快的环境中积极地学习。根据实际的教学经验来分析，在大学英语教学的过程中，情境英语教学法是一种非常适用的教学方法。本节主要针对大学英语教学方法中的情境英语教学法的相关内容进行阐述。

在大学英语教学的过程中，情境英语教学法主要就是根据学生在英语学习过程中的心理特征以及年龄的特点，进行针对性的教学，我们在英语教学的过程中针对性地指出反映论的具体认知规律，同时在英语教学的过程中结合相应的教学内容，有效地应用形象内容来对英语教学情境进行创设。这样能够让较为抽象的英语教学语言成为生动的可视英语语言。通过情境英语教学方法来让学生在学习英语课程的过程中更加深刻地了解英语思维、英语口语以及英语感知。根据实际的情境英语教学方法来分析，情境英语教学方法的主要特点如下：能够有效地融合语言、行动以及创设的情境、让英语教学更加的直观、更加的趣味以及更加的科学。目前情境英语教学在我国的大学英语教学中已经在逐渐应用以及推广过程中，根据目前的情况来看，效果非常的明显。因此情境英语教学方法也为我国的大学英语教学带来了非常积极的效果。

一、大学英语教学中情境英语教学方法的主要理论来源以及相关依据

（一）情境英语教学方法理论的具体来源

在教育领域，情境教学这一理论在20世纪70年代就已经提出并且应用，目前情境教学模式已经成为语言课程教学工作过程中的一项基本的教学理论以及发展方向。我国情境教学的主要来源在于结构主义教学语言理论。这一理论认为如果我们认为口语为语言教学的基础，其教学结构的核心必然是语言的表达能力。我们在语言教学的过程中，就是在为学生创造有效的学习语言的条件，让语言学习的方法同以后的交际实践有效结合起来[1]。在语言教学的过程中，我国的大学语言教学中的英语教学占有非常大的比重，英语教学在实际的教学工作中就是让学生学习语言交流能力的过程，大学生在学习英语的过程中，能够根据学习的过程以及学习的积累对英语的语言知识以及语言技能、英语的特点进行详细的了解和掌握。

（二）情境英语教学方法理论的相关依据

在大学情境英语教学的过程中，教学依据主要有三个。首先是我们在情境英语教学的过程中，要根据大学生的年龄以及心理特点进行针对性的情境英语教学。目前的大学生在年龄分布上以90后居多，但是不乏00后，这一年龄段的大学生在对知识的渴望上非常积极，具有很强的知识求知欲望。情境英语教学方法正是有效地利用了这一特点来对大学生的创造能力以及形象能力充分的挖掘并且调动起来。其次是我们在情境英语教学的过程中要掌握英语语言学习中的习得规律。大学英语的教学工作并不是从语法以及单词上进行知识的掌握，英语教学的重点应该是让学生在英语语境中习得，让学生在英语应用中习得。最后是我们在情境英语教学的过程中要有效依据大学生的实际学习规律进行教学工作。我们在进行情境英语教学的过程中能够通过情境再现，有意识地对大学生的英语学习积极性进行调动，能够有效挖掘出大学生学习英语过程中的心理活动，这样才能够有针对性地让大学生在一种较为轻松的环境下学习英语，充分地发挥出大学生的学习积极性以及学习创造能力，让大学生在情境英语教学的过程中全身心地投入到英

---

[1] 李艳，韩文静.孔子因材施教的教育思想简述[J].吉林教育学院学报，2008（4）：39.

语教学活动中来。

二、大学英语教学中情境英语教学方法实施过程中的主要作用

（1）情境英语教学方法能够有效地适应并且迎合当代大学生的认知学习规律，能够有效地提升大学生的课堂教学效率。

在教学工作中，要充分认识到兴趣是最好的老师这一教育理念。目前我国的大学生以90后、00后为主，这一年龄段的学生在知识面上、在信息的获取上、在性情的开发上都有非常大的优势。根据大学教学工作的总结来分析，目前大学生的主要特点是有主见，在知识接受上很难实现强制性的教学，同时对于灌输式的教学模式也非常的排斥，更加重视自身对于新鲜事物的感受，能够很快接受新鲜的事物和知识，但是其承受能力较差，面对挫折时容易产生悲观情绪。我们在英语教学的过程中要充分了解和掌握目前大学生的特点，在英语教学中应用情境英语教学的方法能够有效地引导大学生的积极性和主动性，能够让英语教学在一种轻松的环境下进行，这样的英语教学方法从根本上改变了原有的传统英语教学和方法，在很大程度上提升了英语教学工作的教学质量和教学效率。情境英语教学法在实施的过程中，我们可以通过模型、图片、实物等方式，充分利用表情、手势以及相关的动作来进行英语的情境教学。在情境英语教学的过程中，我们常用的辅助教学工具为计算机，通过这一教学辅助工具能够有效实现英语教学内容的扩大化及信息多样化、趣味化。目前在大学英语教学的过程中网络以及多媒体的应用更是丰富了情境英语教学工作的教学内容，让英语情境更加生动以及形象地展现在学生面前，更加具体地展现了英语教学情境，有效地提升了大学生的课堂教学效率。

（2）情境英语教学方法能够让大学生在学习英语的过程中养成勤于动脑、敢于开口、乐于动手的英语学习习惯。

根据相关的数据统计，我国的大学生有很大一部分在大学时期就已经通过四级考试以及六级考试，这能够从一个方面显示出目前大学生还是有一定的英语水平，但是实际上在现实的生活以及日后的工作过程中，很多大学生都会有不敢开口、不会书写的问题，这一问题的出现不仅仅是学生自身的问题，同时也是我国大学英语教学工作的问题，也是我国大学英语教学应该重点改善和处理的问题。目前我国的英语教学在进行的过程中没有给大学生有效地搭建起口语交流以及书写交流的教育交流平台，没有在英语教学之外创设实际演练场景，造成了这一问题。但是随着情境英语教学的逐步开展和实施，这一问题得到了很好的处理，就目前的情况来看，教学效果还算喜人。

（3）情境英语教学方法能够较大的丰富大学生的课外生活以及互动，能够让英文教学以及学习有效的延伸。

语言是交际的工具，它具有实际性和交际性。实际生活水平是语言学习的试金石。英语的情境教学的时空必须由课内延伸到课外，把学习迁移拓展到我们的生活中。大学教师要设法增加大学生的语言实践机会，帮助大学生在实际生活中创造英语环境，鼓励大学生大胆开口，敢于大声和老师用英语打招呼、交谈。鼓励他们尽量用所学的常用表达方式和学生相互问候、对话。除了上述的三点之外，情境英语教学方法能够在很大程度上推动大学英语教学的教育改革，能够完善英语教学的教育模式。

在英语教学中运用情境教学，既能活跃课堂气氛，激发大学生的学习兴趣，锻炼大学生的语言能力，又能培养大学生的思维能力和空间想象能力。使大学生产生仿佛置身于英语世界的感觉，在轻松、愉快的环境中积极地学习。从而为大学生在以后的工作中应用英语奠定良好的基础。

第五节 构式语法与大学英语教学方法创新

认知语言学是产生于20世纪80年代后期，在反对主流语言学转换生成语法的基础上，融合了语言学、心理学、人工智能等多个领域的知识而逐渐形成的一门语言学分支学科。随着认知语言学的发展，相关研究增多，开始出现一种新的语法理论，即构式语法。虽然构式语法没有脱离认知语言学的范畴，依旧是批判形式语法，但其强调语用和功能，基本上可以看作是一种新的研究学派。构式语法最早由外国提出，国内起步较晚，且最开始用于研究汉语特殊句式。随着世界一体化格局的形成，英语越来越重要，相关教育研究备受重视，各种创新层出不穷，构式语法具有很强的实践性，与国人的认知心理相符，在英语界迅速传播，到今天已成了一种很重要的语言研究方法，对促进大学英语创新发展有着重要指导意义。

一、何为构式语法

（一）概念

从构式语法的形成来看，其可分为几个阶段，如 Bloomfield 提出的 construction，指的是抽象意义上的构造形式。后来，Lakoff 开始使用"语法构式"一词，基本可看作是构式语法的初期阶段，而且他间接表明了构式是形式和意义配对的理念。20世纪90年代中期，Goldberg 给出的定义在界内最流行，认可程度最高，即当且仅 C 是一个形式——意义的配对（Fi，Si），且形式 Fi 的某些方面或意义 Si 的某些方面不能从 C 的构成成分或从其他已有的构式中得到严格意义上的预测，C 就是个构式。2006 年，Goldberg 对此概念做了修改，"任何格式，只要其形式或功能的某一方面不能停过其他构成成分或其他已确认存在的构式预知，就被确认为一个构式"。

从其概念中可发现，构式语法强调形式和意义之间的配对，而且构成的部分不能推导出整个构式的意义①。换句话说，构式是一个整体，除了具有其成分的形式和意义外，还有延伸的形式和语义，取得的是"1+1 > 2"的效果。

（二）特点

在构式语法被提出之前，生成语法十分流行，其认为组成格式的词汇的意义组合决定了格式的全部意义。也就是说，句子有意义，但句子格式没有意义。而构式语法则对此提出了反驳，认为句法格式本身也有独立的意义，不同的句法格式具有不同的构式意义。另外，构式语法也反对模块论。模块论是一种自下而上的研究方法，可概括为"词素—词—词组—短语—句子"的程序，需要先研究词汇，进而推导句子和篇章的意义。构式语法则相反，采取的是一种自上而下的研究方法，把句式看成是整体结构。比如一些图式结构、半固化块状结构，并没有语法规律可言，最好的方法就是以整体的形式存储在记忆中，需要时可直接提取使用。可见，语义和语用在构式语法观点中不可分割。

（三）教学内容

构式语法的教学内容包括形式和意义两大部分，前者具体是指形态、语音和句法特征，后者具体是指语义、语用和语篇功能。总之，构式语法着重于语言的功能性研究，形式和意义（功能）之间存在的对应关系，即象征对应连接链。

比如"What a clever gilr！"是一个常见的感叹句构式，由"what"，"a"，"clever"，"girl"几个词汇构成。其实，这是个省略句，整句应该为"What a clever girl she is！"按照构式语法加以分析，整个构式表达的意义不是某个组成部分所能概括的，也不仅仅局限于句子本身的语义，还有延伸出来的部分。我们可以翻译为"她是个多么聪明的女孩啊！"或者直接译为"多么聪明的一个女孩"。但受语境的影响，其语用特征并不相同，既可以表达真切的夸赞，又可以表示是超乎预期想象而发出的惊叹，甚至可以在反语语境中出现。

---

① 刘英爽. 国际化背景下大学英语跨文化教育的瓶颈和转型趋势[J]. 教育评论，2016（7）：115-117.

二、构式语法对大学英语教学方法创新的启示

（一）理念和理论的创新

树立创新意识，转变英语教学理念。构式语法是对转换生成语法、模块论等传统语法理论的批判，强调语言的形式和意义是一个整体，不能分割，一旦分隔开来，就无法表达出原来的效果。同时，对过去自下而上的研究方法进行改善，施行自上而下的教学模式。教师应抛弃过去通过分小类和分析词类序列区分和教授不同句式的教学方法，向学生强调句式整体意义的把握，寻求形式与意义的同时习得。将构式作为整体来教，鼓励学习者同时注意形式和意义，一并输入构式的音系、句法和语义特征；英语教学应该从过去强调句式形式的教学法过渡到强调把握句式的整体意义的教学法，实现自上而下的讲解与自下而上的总结相结合，归纳教学法与演绎教学法并重。

（二）遵循由易到难原则

人们在认识世界的过程中，总是遵循由易到难、由表及里的原则，先了解表面和普遍性，随着积累和感悟的增加，才能发现更多问题，进而深入探究，逐步加大难度，使得知识的广度和深度都在不断拓展。

构式语法有难易等级之分，在复杂的构式语法中，常常有子构式、母构式。如果有多个母构式，由于特征不同，极易产生冲突，最终体现在具体的构式中，即子构式。以双及物构式为例，"What did Lucy give his brother？"按照正常句式，双及物的宾语应该在动词之后，而在特殊疑问句中，原来的宾语做主语，则放在了句首。

在语言学中，形式有无标记、有标记之分，前者指的是共同的特点，后者侧重于特殊情况。而且，后者的学习难度要高于前者，形式相对较为复杂，在实际中使用频率低。所以，教师在教学过程中要遵循此类原则，从简单开始，逐步增加难度；从无标记形式学习开始，慢慢过渡为有标记的特殊形式。

（三）形式意义同等重要

与转换生成语法等传统理念不同的是，构式语法强调形式和语义的结合，两者之间存在某种对应关系，不同的形式会导致语义上的差别。在大学英语教学中，应把形式和意义放在同等重要的地位，注意两者的匹配。

以直接和间接转述的构式为例，即便表达的意义相同，在结构形式和语用功能上也有着很大差异。看下面两个构式句子：

I asked my mom where she would go next month.

"Mom, where are you going next month?" I asked.

可见,直接转述和间接转述的形式、语用都不同,前者的重点在于发音和措辞,后者的重点在于表意,是想令听的人明白自己的语义。

(四)导入背景文化知识

前面已经提及,构式语法属于认知语言学的范畴,人们的语言能力是认知能力的一部分。学习英语的过程中必须有足够的语言输入,加上自己的认知和体验,才能逐步掌握这门语言。在英语中,有很多特殊句型和固定短语,往往并没有传统的规范性的语法规律,很难用已有的理论分析。即便在教学中,教师也常常会以"这是固定用法"为借口。所以,学习语言其实就是一种认知活动,面对无规律可言的句式,便需要记忆背诵,存储足够的语言输入,需要时直接使用即可。

大学英语很容易忽视英语背景文化知识的导入,任何语言都是在一定的社会文化环境下形成并发展起来的。英语也不例外,在教学中应注重文化背景的介绍,鼓励并引导学生了解足够的国外文化历史、风俗习惯等,这样再遇到俗语、俚语、谚语时,才能正确理解其意思。教师可推荐一些英文歌曲、带英语字幕的电影,阅读介绍西方国家历史文化的书籍杂志。

(五)母语和英语的对比

汉语是我们的母语,英语作为第二语言,一些大学生往往觉得很难。随着教育改革的深入,很多新方法、新理念相继提出,关于母语和英语关系的研究越来越多,希望能够找到最高效的途径,尽快提高学生的英语应用能力。在这种背景下,容易出现两种极端,一种是以母语为本,用母语教英语,结果出现了汉式英语。如"不管怎么说,我已经赢了"翻译为"No matter how to say, I win already",而实际上英语应该表达为"Anyway, I have won."。另一种是太过注重英语,甚至要求学习过程中忘记母语。这种观点显然不合理,而且不太可能实现,我们生活在母语环境中,每天都在用母语跟人打交道,岂能说忘就忘?

笔者认为,最好的教学方法是将两者进行对比,把它们之间的异同点讲清楚,这对学习母语和英语都大有益处。因为我国和西方国家历史文化背景不同,语言系统的形成、演变和发展有着很大差异,比如汉语中没有冠词,表示数量多时不用衍生词缀。举个简单例子,汉语中习惯了说"两头猪",但英语只需翻译成"two pigs",而不能译为"two head pig"。

此类差异很多,在不熟悉英语构式语法之前,不能盲目地将其套用在汉语结构中,也不能用根据汉语的句式结构直接翻译。所以,教师必须重视两者的对比,既要了解汉语言系统，又要学习英语语言系统，如此才能降低语法错误率。

构式语法对传统的模块化理论加以批判，强调构式的完整性，形式和意义两个构成部分应该结合，不能分割。因为研究的是语言形式、语义和功能的结合，所以在抽象句型中能够加大解释力度。总之，构式语法为英语教学和英语理论研究指明了新方向，具有很多优势，可以在大学英语教学中加以借鉴，比如转变教学理念、重视中英文对比等。但同时，构式语法存在局限性，如构式数量太多、构式间的联系容易被忽略，这说明今后还需加强此方面的研究，大学英语教学方法也应不断完善。

第六节 "互联网+"背景下的大学英语教学方法

随着科学技术和智能手机的高速发展，互联网慢慢走近人们的生活，人们的生活已经离不开互联网和智能手机。"互联网+"是一种新兴教学模式和方式，越来越受到人们的欢迎和青睐。"互联网+"教学模式和传统的教学模式有很大的不同，充分利用学生的课余时间，既让学生在网络品台上学到知识，也能够让学习变得更加灵活，让学生对学习产生更多兴趣。因此，本节对"互联网+"背景下的大学英语教学方法进行研究，对这种新型的学习方法进行探讨，并研讨怎样使"互联网+"教学方法得到更大的提升，从而为学生的英语学习提供更好的服务。

一、"互联网+"在大学英语教学中的优势

在新课改的大背景下，大学英语的教学课时被严重压缩，由于不同的学生对英语教学的需求不同，学生自身学习英语的基础和能力也不尽相同，知识结构不够全面，使这部分学生的英语学习得不到满足，影响了这部分学生学习英语的积极性，从而不能让这些学生的英语成绩得到相应的提高。

（一）"互联网+"有利于提高大学生英语写作能力

大学英语的学习方法和高中、初中英语的学习方法是完全不同的。在中国初高中教学中，由于受到应试教育的影响，教师最重视的是提高学生的学习成绩，所以在教学中以词汇教学为主、语法教学为辅，写作在考试中所占的分数较少，所以往往不是初高中英语老师的教学重点，这就导致"英语写作"成为很多学生的学习短板。但是大学英语教学中，由于四、六级考试及学生未来就业的要求，所以对学生的英语写作能力要求较高[1]。在大学英语学习中，展开"互联网+"的大学英语教学方法，老师可以在有限的课

---

① 王汉英，胡艳红，徐锦芬. 美国康奈尔大学外语教学观察与思考[J]. 教育评论，2015（7）：165.

堂教学中对大学英语写作的技巧进行讲解，然后可以通过"互联网+"给学生布置英语写作作业，让学生利用网络完成写作作业。"互联网+"英语写作平台很好地弥补了大学老师不能一一修改学生作文的缺憾，可以让学生利用互联网经常写作文、改作文，达到提高大学生英语写作水平的目的。"互联网+"的出现满足了大学生对英语写作的学习要求，提高了学生学习英语的积极性，用灵活的教学方法提高了学生的英语写作能力。

（二）"互联网+"有利于提高大学生英语阅读理解能力，增加学生的词汇量

我国初高中英语成绩的提高主要以语法和词汇量教学为主。但是，在初高中阶段，学生英语的词汇量非常有限，到了大学之后初高中积累下来的英语词汇量远远不能满足大学英语的学习，大学更加偏向于应用型英语的学习。在大学学习阶段，英语阅读是增加学生词汇量的最佳方法，因此英语阅读和词汇学习是相辅相成的。然而，大学英语教学上课时间非常有限，不可能让学生在有限的课堂上做大量的阅读理解。"互联网+"的出现，完美地解决了这个问题。学生利用大量的课余时间利用"互联网+"进行英语阅读，一是能提高学生的阅读理解能力，二是在做阅读的同时增加了学生的词汇量，这样有利于大学生的英语学习，大大提高了大学英语四、六级的通过率。随着全球经济一体化和科技的迅速发展，英语作为国际通用语言，起到了越来越重要的作用。因此很多工作单位在选拔人时，很看重大学生的英语成绩。因此利用"互联网+"提高阅读能力和增加大学生的英语词汇量就变得尤为重要。

二、"互联网+"背景下大学英语教学模式的开发与实践

"互联网+"主要分为网内资源和网外资源两种方式，这两种方式各具特色。在大学英语教学工作中，只有将这两种教学方式相结合，才能对大学生的英语学习产生最佳效果。在许多地方高校大学中，对各类资源都施行了信息化的管理，学校的内网服务器中也存在着大量的英文阅读文档，使学生在查阅的时候容易寻找。相对于外网资源来说，内网资源中的阅读文档更适合于正处在英语学习阶段的大学生进行阅读，而且每篇文章的后面都附有阅读作业，可以使学生进行有针对性的学习与训练。"互联网+"网外资源更加丰富，现在有很多利用互联网教学的方式，比如对于英语教学来说，大学生可以利用QQ和微信等资源和英语老师积极地进行学习交流，有不会的问题或者学习英语方法有问题可以第一时间和老师取得联系并讨论问题；有很多词汇软件，里面内容丰富精彩。例如，"有道""牛津"等在线字典除了给学生提供查单词的功能之外，还有很多新功能，如"每日一句""美文鉴赏"等，给学生提供了丰富多彩的学习方法；现在在"互联网+"的支持下，出现了很多的大学英语教学直播平台，大学生可以通过网络直播学习英语，也

可以事后下载观看，可以让大学生利用闲散的课余时间，加强对大学英语的学习，这些"互联网+"背景下的大学英语教学新方式是英语课堂教学很好的补充。

全球进入了网络时代，教育改革引发了大学英语教学的不断改变与更新，"互联网+"作为一种新兴教育模式正在受到越来越多的重视与追捧，它着重培养大学生在英语听、说、读、写等方面的学习，提高了大学英语的教学效果，"互联网+"背景下的大学英语教学的新时代已到来！

第七节 在创新创业背景下浅谈大学英语的教学方法

随着经济的进步和科学技术的发展，当今社会教育行业的竞争十分激烈，因此社会需要的是高素质的优秀人才、全面发展的人才。自毕业考试实施以来，考试的压力使传统的教学模式在大学时期尤为突出，并且还极大地削弱了学生对学习英语的积极性和自主性，致使学生的实际应用能力得不到提高。

一、创新创业背景的特点及其优势

创新创业教学法，它是融合了探究教学法、任务驱动教学法及案例教学法等多种教学法的特点，并且是以行动作为导向的一个学习过程。因此在项目教学法中，教师已经不再只是知识的传授者和灌输者，而是学生在学习过程中的引导者、指导者和监督者。引导学生走在健康的人生道路上，指导学生运用正确的方式方法，达到事半功倍的效果，监督学生的日常生活与学习。同时教师还可以将与主题有关的各种项目纳入学习者的知识构建体系的过程中去，从而构建一个全面系统的知识体系。而学习者还可以以小组合作和个人探究的形式将理论应用到实践中，从而进行"意义建构"。这种自主地进行知识的建构，不仅锻炼了学生的各种能力，还能获得知识与技能。在老师的引导、指导和监督下，让学生自己积极地去探寻知识的一个途径，在这个过程中，锻炼他们的各项能力。

二、创新创业在大学英语学习中的应用

（一）大学英语新课标的教学目标

根据大学英语教材的编写，大学英语课程是以应用为目的，培养学生的实际应用能力，包括听说读写的专业能力和合作探究的基本能力等等。

例如，人教版大学英语教材中有的三个单元，而每个单元又有六个板块，每个板块都有不同的目标。单元的第一个板块是 Welcome to the unit。像这一部分有生动图画和相关的问题的内容，可以激发学生已有的与本单元有关的知识，从而让学生能够轻松的学习本单元的知识，顺利地构建本单元的知识。而且这一部分知识还与实际生活和发展息息相关，从而可以锻炼学生的口语表达能力。接下来的是 Reading 板块，这一部分的内容是学生接受语言信息的关键环节，有助于学生掌握英语阅读技巧，提高英语阅读能力。学生通过大量的课外或者课本中的阅读让学生能够了解到更多新奇的事物、学习到新的文化。学生还可以通过合作讨论，来提高解决实际问题的能力，并且还会让学生有机会感受真实、地道、优美的英语，让学生了解到现实生活和社会发展中的方方面面。

（二）项目教学法在高中英语教学中的应用

（1）首先，要分析教学目标，确认项目的任务；大学英语教学其实重点就是要掌握并学习好基础知识，然后提高听说读写的这些专业能力和实际应用能力。从上面的叙述中可以把每个单元看作一个总的项目任务，然后确定任务，比如教师对所需要完成的语言知识、背景知识来进行简单的输入，然后经过讨论、分析出项目学习目标和需要解决的问题①。因此在这样的课堂上，教师不再是知识的灌输者，而变成为学生学习过程中的引导者、指导者和监督者。

（2）其次，根据项目任务制订项目计划；学生在明确了教学目标之后，根据项目任务，分组讨论并制订出一份合理的、完整的、可实施的项目计划，从而确定工作步骤和工作程序。比如人教版高中英语 Project 这一部分中，学生根据项目任务，可以制订项目计划：第一步是分组先阅读 Project 的两篇文章，结合本单元的内容进行分析得到启示；第二步是每组选择适合自己的主题；第三步每组为自己的报告收集资料；第四步每组的报告要发给老师并予以指导；第五步在英语教学课上，每组代表要上台展示自己的报告，其余小组给予评价；第六步学生进行自我评价、自我分析、自我检索、自我提升。这样的教学方式不仅充分调动了学生的积极性和自主性，而且还锻炼了学生的各项能力，促进了师生之间、学生之间的交流。

（3）最后，分成项目小组，实施项目计划；在确定项目任务，根据项目任务制订项目计划之后，学生就可以成立项目小组共同实施项目计划。但是需要注意的是每个组都要有一个组长，组里成员也都要有明确的分工，以防混乱，导致耗时耗力。

总之，在创新创业背景中，英语学习过程成为英语学习者的参与创造实践活动，注重的并不是最后的结果，而是中间的过程。学习新知识的乐趣，完成项目任务的成就感，

---

① 秦秀白，张凤春. 综合教程3（学生用书）[M]. 上海：上海外语教育出版社，2014.

体验创新的艰辛和快乐，同时也培养了自身分析问题和解决问题的思路和能力。项目教学法在大学英语教学中的作用巨大，为学生以后的英语学习打下了坚实的基础，这种教学方法还对学生的考试有很大的帮助，推动了英语教育事业的发展。

第四章　大学英语教学方法的实践应用

第一节　多模态的协同及在大学英语教学中的应用

当前导致大学英语教学效果不理想的原因很多，其中教学模态单一以及各个模态之间缺乏协调是致使大学生不愿主动学习、大学英语课堂教学效率低的重要原因。在大学英语教学中应用多模态协同能够调动学生的听觉、视觉、触觉，通过图像、声音的引导，强化英语沟通能力，提升大学生的英语素质。

一、多模态的协同

多模态是指运用多种构建意义的手段与符号资源，尽量将人的听觉、视觉、触觉等多重感觉同时结合起来开展信息传播与交际的行为。模态之间的关系是由具体语境与交际目的所决定的。通常来说，视觉模态以及听觉模态是人们交际过程中选择的主要模态形式，而嗅觉、触觉、味觉等为辅助型的交际模式。在实际沟通交往过程中，为了传递某种特定的含义，可以同时运用多个模态或实现多个模态之间的转换。模态选择的合理性取决于交际者利用媒介的能力以及多模态识别能力。长期以来，大学英语教学都只关注英语词汇、句子、语法的知识点教学，教学方式与目标仅仅只是从单一的文字模态入手，鲜有融合非文字的模态形式来进行课堂教学活动。伴随着互联网技术与信息技术的发展，多模态以及多模态协同已经开始对大学英语课堂教学造成影响。多模态的协同教学，即为教师在课堂教学过程中要运用多模态开展教学，课堂需要涵盖视觉模态、听力模态、口头模态、书面模态、体形模态等。在大学英语教学中多模态的协同就是利用互联网、多媒体技术等客观环境与条件，为大学英语教学提供多种语言与非语言的多模态语境。多模态协同在大学英语教学中应用的基本目标就是要提高学生运用英语开展多模态交际的能力，提高学生通过多媒体与多模态自主学习的能力，以满足社会发展与经济全球化对大学培养高素质人才的要求。

二、多模态的协同在大学英语教学中的作用

在大学英语教学中应用多模态协同能够起到以下作用：第一，融合语言模态和非语言模态，激发学生参与学习的积极性。多模态协同理论中的非语言模态能够在传递信息中发挥巨大的作用。非语言模态主要包括身体特征、教学环境、教学道具等。在多模态协同教学下，教师可以利用图片、音频、视频等方式对英语知识点进行多方位的全面分析。例如，在大学英语词汇教学中，教师可以播放含有需要学习词汇的英文歌曲或英文原声电影，以吸引学生的注意力，调动学生参与学习的积极性，使其深化对词汇的记忆。第二，实现学生多感官互动。多模态协同在大学英语教学中能够实现视觉与听觉的互动，调动大学生的各个感官，以生动地进行英语知识点的讲授。例如，在大学英语课堂中，教师可以通过有感情的语言以及丰富的肢体动作，配合背景音乐来渲染教学氛围，让英语课堂变得更加和谐、有趣，以激发学生学习英语的兴趣。

三、多模态的协同在大学英语教学中的应用

（一）大学英语课堂教学中应用多模态协同

视觉模态与听觉模态的协同。大学英语课堂的布局是视觉模态，其明确了大学英语教学的环境，同时也明确了教师与学生在英语教学中的角色。在课堂中，学生的视觉对象包括教师、黑板、讲台；大学英语的教学过程主要为听觉模态。视觉模态决定了课堂布局以及教师在课堂中的地位，但视觉模态也只是听觉模态的辅助与基础。基于听觉模态分析，教师的话语权占据了课堂的主导地位，对于教师来说，学生是其进行话语教学的主要接受对象，这就对教师的话语质量有着较高的要求。因此，教师在大学英语课堂中的话语要表达清晰、语法正确、发音准确、速度合适。与此同时，教师在教学过程中声音的响度、语调的高低、重度的节奏都会对英语教学效果产生一定的影响。因此，听觉模态中的各个模态相互之间也需要进行配合，以达到强化口语模态的作用。教师在英语教学过程中也会通过变化视觉模态来强化口语模态，如运用手势来代表节奏，模拟所讲述的事物，运用表情的变化来突出知识点的重要程度。

文字模态与非文字模态的协同。在大学英语阅读教学中主要以文字模态为主，指导学生重点掌握非文字模态，探索其与文字模态之间隐藏的内在关系，帮助学生赏析、鉴别文字模态的意义，提升学生对文字模态的敏感度。教师可以引导学生在阅读文章时对文章的标题、小标题、斜体字、标点符号等进行标识，对文章的重点信息进行定位。例如，阅读材料中"Jack went to Fifth Avenue with Tom in New York in September 30th."出现多

次大写字母，大写字母通常表示地名与人名，在阅读过程中运用跳读的方式来掌握大意，则可以快速获取关键信息。又如，教师在进行英语阅读教学过程中训练学生对非文字模态的语篇进行分析。向学生展示三幅不同的图片：第一幅是正在融化的冰川；第二幅是一望无垠、寸草不生的沙漠；第三幅是黑色的河流。要求学生分析这一组图画要传递什么意义，将学生引入生态环境保护的阅读话题，从而实现大学英语阅读教学中图片模态与文字模态的协同。

（二）大学英语师生互动中应用多模态协同

建构主义理论提出，学习过程是学生发挥主观能动性、主动学习、主动构建知识架构的过程。建构主义理论否定了传统大学英语课堂教学中教师灌输、学生被动接受的教学模式。教师与学生在课堂上的角色也发生了变化。教师从知识的讲授者转变为学生学习的引导者，也就是教师在课堂教学中扮演着引导者、组织者的角色，在学生发挥主观能动性构建知识结构时起到辅导作用。因此，大学英语教学中多模态协同的应用能够进一步深化建构主义理论，转变传统教学模式中学生被动学习的状态。多模态协同下的大学英语教学能够实现教学互动，将学生置于多模态协同的学习语境，从听觉、视觉、触觉等多方位的感官来提高学生运用英语开展交际的能力以及潜在的语用潜能，让大学生能够在多模态协同的环境下主动学习。在大学英语课堂中，教师可以通过多媒体技术来支撑多模态协同的进行，实现教学与学习的互动，通过师生互动的方式来实现多模态协同教学的效果。师生互动是指在大学英语课堂中，教师与学生面对面进行的教学活动。在课堂教学中教师需要将知识点通过文字、图片、音频、视频的形式展现给学生，以吸引学生的注意力，使其更好地理解、接受知识点。与此同时，教师还会通过语言表述、手势动作、面部表情等方式与学生进行互动。例如，在讲解某一知识点的时候，如果学生露出疑问的表情，教师则能够通过视觉模态信息得知学生尚未理解，从而进行深入讲解或换个角度讲解。

（三）大学英语测试评价中应用多模态协同

在大学英语教学对英语"听、说、读、写、译"五项基础能力进行评价的过程中，可以运用基于多模态协同的评价方式。例如，在听力的测试评价中，教师可以预先准备好视听资源让学生在试卷上回答问题；也可以在课堂上进行对话，让学生进行梗概记录，同时调动学生的视觉、听觉系统，并且利用多模态之间的互补性来完成听力测验评价。在翻译的测试评价中，教师可以将笔译与口译结合起来，利用多媒体技术来开展同声传译的翻译练习。对于口语的测试评价而言，当前口语的测试方式主要为进行问答与话题交流两种类型，无法充分展现英语表达的多模态，而利用多模态协同能够更加准确地对学生的英语口语水平进行评价。因此，进行口语测试过程中要表现出语言与伴语言的特点，充分体现语音、语调、符号在口语沟通交流过程中的应用。同时，还要展现非语言的表达，通过表情、手势、动作等与口语沟通相互配合，来对大学生的综合口语水平进行测试评价。

多模态协同下的大学英语课堂教学能够改善当前大学英语教学中学生欠缺学习积极性、教师与学生之间缺乏沟通、学生与学生之间缺乏沟通的现状。在大学英语课堂教学、师生互动以及测试评价中应用多模态协同，能提高大学英语教学的质量。多模态协同在大学英语教学中的应用能够让大学英语课堂变得更加和谐，能够让学生在积极参与课堂学习的过程中强化自主学习能力。

第二节　激励教学法在大学英语教学中的应用

一、激励学习法

（一）激励教学法的含义及其特点

激励就是激发和鼓励，是指通过影响人们的内在需求或动机，从而加强、引导和维持行为的活动或过程。激励的本质就是激发人的动机，激励教学法是指教师在教育教学过程中，借助一定的方式和手段，激发学生的学习动机，使其产生一种内在驱动力，诱发其积极参与学习的行为，并朝着期望的目标努力，从而提高课堂效率，促进教学任务顺利完成的过程，即我们通常所说的调动和发挥学生的积极性、主动性和参与性的过程。

美国心理学家威廉·詹姆斯有句名言："人性最深刻的原则就是希望别人对自己加以赏识。"他还发现，一个没有受过激励的人仅能发挥其能力的20%～30%，而当他受到激励后，其能力可以发挥80%～90%。

（二）激励、动机及英语学习之间的关系

罗伯特·舒曼从神经生物学的角度证明，大脑对所接收到的刺激进行评价，从而引起外语学习者情感上的反应，并将对这种刺激的评价分为五个方面：刺激的新异性、吸引性、目标/需要意义、可处理潜力及个体社会形象。舒曼认为，语言学习动机的强弱和性质是由这些刺激评价不同方面的排列与组合决定的。

钱伯斯另辟蹊径，从相反的方向探索外语学习者缺乏学习动机的原因。在对英国利兹地区的191名失去外语学习动机的九年级学生进行问卷调查后，发现了可能导致学生失去外语学习动机的10种原因。他认为，这些学生最需要的是对于他们学习成绩的肯定、

奖赏及鼓励。换句话说，也就是学生外语学习动机最直接的来源是外语教师对他们的态度。在对主流动机理论总结之后，据此向语言教师提出了五条建议。

由此看来，激励在当今重视个性发展的成功教育中起着不可估量的作用。教师在课堂教学中的角色就像一个导演，既是知识的传授者、课堂教学的组织者、课堂活动的控制者，同时又要保持和学生的平等身份，是学生交际的合作者，是一堂成功的外语课的创造者，是帮助学生克服心理障碍、放下思想包袱的心理治疗者。

因此，动机、激励与英语学习是相辅相成、密不可分的。激励就是要通过各种有效手段，激发学生的学习动机，从而提高学习成绩。动机与学习成绩之间是典型的相辅相成的关系，较高的动机水平有利于取得较好的学习成绩，而较高的学习成绩也反过来有利于增强动机水平。

二、大学英语教学中运用激励教学法存在的问题

（一）激励教学法被边缘化

在目前的学校教育过程中，教师的工作被明确地规定为完成一定工作量的教学任务，因此，许多教师工作的重心在知识传授方面，而不是在学生培养方面。从教育激励的角度来看，多数教师只是在传授知识，而很少激励自己的学生。他们往往认为学生是否积极主动、富有热情地学习是学生自己的事情，多数教师把学生的学习看成是学生要尽的义务，就如同学生要遵守学校中的规章制度一样，是教师开展教学工作的当然前提，而没有认识到其实这个前提条件是需要教师在学生身上建构的，是教师育人工作的一个重要部分。即使部分教师意识到对学生兴趣的培养是重要的，也不过是把它作为教学的方法而已，而没有认识到培养学生对学习的兴趣比知识学习本身更重要。因此，激励教学法与教学相比是被边缘化了。

（二）教师的激励方法片面单调

教师偏重于激励优秀学生与后进学生，忽视一般学生；偏重于知识学习，忽视学生的情感与意志的发展；偏重于激励追求成功，忽视学生的心理健康；偏重于逻辑、语言智力，忽视其他种类的智力；偏重于引导学生遵守纪律，忽视学生的创新、求索；偏重于教师的个人喜好，忽视教育的应有规律与目的。

（三）激励教学法的作用没有得到充分发挥

教师职业的机械性加强了，而育人角色在弱化。教师激励数量的有限、手法的片面与单调都使激励的效果非常有限。无论是从学生的心理需要还是从社会对教师职业的期

望来看，教师对教育激励的掌握与运用都与之存在巨大的差距。教师只看到学生知识与技能的掌握与否，而对学生的心灵塑造常常无动于衷，学生也常常感到教师是某一学科知识的代表，是知识的传授者，与教师之间缺少深入的心灵上的沟通。学生求学过程中所遇到的教师可能有几十个，但是能在心灵发展过程中留下深刻印象的则不多。教育激励的缺乏常导致学生品质、人格、精神发展的不完善。

三、大学英语教学中有效运用激励教学法的建议

（一）提高运用激励教学法的意识

许多教师认为激励教学法只适用于中小学生，对大学生的效果不明显。事实上，大学生也需要激励。笔者曾尝试着运用了考试激励法，其结果显示良好。研究将学生的期末成绩分为两部分，平时成绩占30%、期末成绩占70%。通过课上考核学生对学过的单词和词组的记忆调动学生学习的积极性，结果发现学生开始晨读，这种情况前所未有。由此看来，激励教学法同样适用于大学生。

教学活动不论处于哪个环节，都离不开教师的主持、参与和引导，这就要求教师必须具备担当多种角色的综合能力。调查显示，在被问及影响英语学习动机的主要因素时，大多数学生将"教师"列于首位，他们认为英语教师的以下品质有助于激发他们的学习动机：精通英语；认真备课；授课生动有趣；热情幽默，考虑周到；对学生一视同仁；教法灵活，不拘一格；使学生参与到课堂活动中去；使学生充满自信。

因此，教师要从自我做起，努力钻研专业知识，认真备课，提高自身的综合素质。同时，教师要树立激励学生、学习动机的意识，在激励理论的指导下，合理正确地运用激励教学法。

（二）有效运用激励教学法时应注意的因素

激发自主性。对于命令，人们有一种天然的抵制心理，自主是人们与生俱来的需求。每个学生都希望有自我选择的自由，而不是被强制参与自己不喜欢的活动。因此，教学中教师应还给学生这一权利，使其自主地从事学习活动。《新编大学英语》这套教材就很有助于激发学生的学习自主性，因为这套教材的每一个单元都有可让学生参与进来的话题。教师在使用这套教材组织课堂教学时，应当留出时间让学生对这些话题进行讨论，从而激发学生的学习自主性。

鼓励自我实现。动机的缺乏很大程度上源于自信的缺乏。经过艰苦奋斗却屡屡失败的学生很难对学习产生兴趣。相反，如果能不时体验成功，就会对自己的能力充满信心，参与学习活动的热情也就越高。每个学生都有正视自己能力的愿望，正是这种愿望赋予

其克服困难的勇气和持之以恒的精神。让学生体验成功,肯定其学习的潜能,有助于激发学生的内部动机。在大学英语教学中,教师应该合理设置教学目标,让学生体验到"跳一跳就能摘到一颗葡萄"的快乐。如此,不时地体验成功有助于开发大学生的学习潜能,从而激发大学生的学习动机。

建立平等的评价体系。在英语教学中,当学生尤其是学困生,在课堂上不能与教师配合,甚至文不对题乱说一通时,一句鼓励的话或一个信任的眼神都可以帮助他们端正学习态度。相反,若我们对学生的评价采取"一把尺子""一刀切"的办法,从一个方面对所有的学生进行分等,这就使学生特别是学困生,得不到正确的评价而陷入更加困难的境地。在这种评价体系的支配下,一再失败的学生无法正视自己、激励自己,从而失去了他们发展过程中追求成功的努力和信心。因此,在教学活动中要适应学生起点,每一个学生都是不同的,对学生的评价要重激励、重发展、重能力。

注重身体语言的应用。恰当地运用身体语言将收到"此时无声胜有声"的效果。教师的一个眼神、一个微笑能给课堂带来亲切、和谐的气氛,使学生迅速产生一种向上的、愉快的求知欲。学生起来回答问题时,教师上身前倾,缩短彼此的距离,两眼平视对方以示诚意,使学生感觉到教师在关心他的话题,从而回答得更生动、更热情。尤其是当学生回答错问题或由于紧张、害羞答不上来时,教师以期待、亲切的目光注视学生。面含微笑,轻轻点头以示鼓励;微微摇头,暗示学生纠错,很快便能消除紧张的心理状态;学生成功地表演后,教师给予亲切的握手,将会使学生倍加振奋。

(三)掌握英语激励教学法的运用技巧

激励教学法有其自身的特点和思想理论体系。因此,除一般性英语教学技巧外,有一系列相对独特的教学技巧。激励教学法的教学技巧很多、比较零散,更具灵活性、更为个性化英语学习动机的外部激励因素主要包括以下方面:教师的素质及能力、学习者的学习成就、学生间积极竞争、适当的表扬和诱导、良好的课堂氛围、竞赛及考试的过程和结果等。

创造良好的学习环境,唤起英语学习动机,激发学生学习的欲望。教师营造的课堂气氛极大地影响着学生的学习动机和学习态度。良好的英语学习氛围和环境是激发英语学习动机的外部条件。教师应在教学中创设一种使学生感到安全、宽容和有利于学生发展的学习气氛,对每个学生表现出真诚的关注,突出强调学习过程和学习任务的价值,而不要过分关注学习结果,使学生减少焦虑。教师用英语说几句日常用语或讲一个风趣幽默的故事,以此来唤起学生学习的意识,使其自然地进入学习英语的环境中。这时,教师要有意识地进入"导师"和"助手"的角色,尊重学生的个性,民主教学,建立和谐、愉悦的师生情感。

巧设情境，为学生创造成功的机会，给予其成功的满足。英语学习和其他科目一样，要靠师生的共同努力，所以在英语教学中，不要忽视在课堂中还有这样的一个小群体，他们自觉性差、学习欠主动，又爱面子、怕说错，往往不敢开口。在教学中，笔者抓住这部分学生的心理特点后，决定帮助他们纠正这种不良习惯。首先帮他们养成开口的习惯，再由易而难，逐步增加课堂提问的难度。当他们回答问题有困难时，就为他们搭桥，模仿他人练习；如果这部分学生有坐在前面的，就让后面的学生先答，依次向前，轮到他时也就会模仿别人开口了。这种变换形式的教学方法有力地促进了落后生也跟着开口、动脑，使他们自始至终都能全身心地投入学习，不知不觉地提高了他们的学习兴趣，帮助他们自觉地走出阴影，迈出走向成功的第一步。

适当开展竞赛，提高学生学习的积极性。竞赛是激发学习动机、调动学生学习积极性的有效手段，因为竞赛能唤起优越感和满足学生受他人承认、赞扬等心理需求。竞赛的形式要采取自己与过去的竞赛、个人之间的竞赛和集体之间的竞赛相结合。通过竞赛，学生的好胜心和求知欲更加强烈，学习兴趣和克服困难的毅力会大大加强。多开展小组或班级等集体之间的竞赛或自我竞赛，以促使其互相帮助，为达到共同目标而共同努力，有助于培养学生的合作精神。

事实证明，在大学英语教学中，注意激励教学方法的运用，不仅可以激发学生的学习兴趣，还可以提高学生的自信心。学生的成功源于学生的信心，学生信心的形成往往源于教师的激励。所以，教师在教学中运用激励性评价有益于学生树立自信心、积极进取，在学习上取得成功。

第三节 大学英语多元互动教学模式的应用

在当今全球化的发展背景下，无论是社会经济、科学技术义化教育等各个领域，传统的理念与方式都普遍受到了信息技术革命所引发的冲击。随着信息技术的逐步发展，信息更新与知识迭代的速度不断加快。与之相应的，在大学英语教育教学领域，大学英语的传统课堂教学模式已经无法完全适应信息时代的环境变化，大学英语课程改革的内在需求逐步凸显，社会对于外语复合型人才的综合语言运用能力也提出了更高的要求，大学英语的课堂教学模式改革势在必行，这也将是当前高等教育发展的重要任务之一。

大学英语课程的课程要求明确了大学英语是以外语教学理论为指导，以英语语言知识与应用技能、跨文化交际和学习策略为主要内容，并集多种教学模式和教学手段为一体的教学体系。2007年教育部颁布的课程要求也明确指出，"各高等学校应充分利用现代信息技术，采用基于计算机和课堂的英语教学模式，改进以教师讲授为主的单一教学模式，新的教学模式应以现代信息技术特别是网络技术为支撑，使英语教育学可以在一定程度上不受时间和地点的限制，朝着个性化和自主学习的方向发展。"因此，大学英语的多模态互动教学将是大学英语课堂教学改革的主要发展方向。所谓"多模态互动"主要指区别于传统的单一的静态的、以教师讲解课本的书面语言为主要内容的以教师为主体的英语课堂教学模式，而采用综合运用多媒体与网络技术所开展的视、听、说等动静结合、电子与书面结合的、教师讲解与学生或学生小组讨论、交流相结合的师生互动、生生互动的教学模式。

一、构建大学英语多模态互动教学模式的必要性

多元化的大学英语课堂教学环境的需要。多元化的社会经济文化的发展需要具有高素质和高水准的具有较强的语言综合运用能力的人才，随着计算机与网络信息技术的日新月异，多媒体教学模式具有传统的书本教学所不具有的开放性、实时性等特征，强大的数据库具有比教师大脑更优越的知识、信息、资源的储备，能更好地模拟语言场景，提供全方位的听、说、读、写、译的训练环境。多媒体教学平台能够充分运用网络资源，给学生提供极其丰富的符合课程背景的学习资源，打破了原有课堂的局限性。语言学习的资源更丰富，获取的方式更便捷，资源的广度与深度则更开放更自由。同时，语言学习可以较少受到时间、地点、环境的限制，可以单次也可以反复循环多次的学习。同时，教师与学生的沟通方式也发生了深刻的变化，可以不再局限于课堂和办公室，可以是线上线下相结合，教学交流、作业提交可以通过邮件、QQ或其他各种聊天软件及相关的教学软件平台来实现。这种立体化的交互方式极大地弥补了原有传统课堂教学的不足，为多模态互动教学模式的开展提供了可能。

教师与学生课堂角色重新分配的需要。传统的单纯以教师为中心的教学模式已经无法满足大学英语教学的需要，在大学英语的课堂教学中，知识传授已经不占有主导地位，而学生的自我学习能力的提升和英语实际运用能力的培养则是大学英语教学的重要任务。在这一转变的过程中，教师需要在大学英语课堂教学中充分树立以学生为中心的观念，学生的自我学习能力和英语运用能力培养的模拟环境才得以构建。教师通过设定课堂活动的内容与主题，提供学生英语交流的实践平台，在这一过程中教师承担起课堂活动的组织者与评估者的角色，通过不断激发学生自主学习的积极性，发挥学生的主观能动性，得以完成以学生为中心的课堂建设。师生的课堂角色得以重新分配，只有充分激发学生的学习兴趣，唤醒学生的学习意识和独立思维，鼓励学生发展个性、展现自我、发掘潜能，为学生提供全面的充分的课堂实践机会，才能使大学英语教学的课堂摆脱单调和枯燥的

局面。兴趣是学习最好的老师，学生无论是被新颖的教学的方式所吸引还是被独特的教学内容所吸引，都会极大地提升教与学的良性互动，有利于学生更好地掌握与吸收所学的知识，并能在兴趣的引导下，主动、积极地进行相关的自我探索式的学习，从而有利于培养学生的英语综合运用能力和创新思维能力。

过程式教学评价模式发展的需要。多模态的互动教学模式为对学生进行立体式的多元化的教学评价提供了可能。教学评价是教学活动中非常重要的环节，对于学生及时了解和掌握自身的学习状况，调整自己的学习进度和学习方式显得尤为重要。以往的传统教学模式基本通过纸质的试卷与练习尤其是期中、期末的测试完成教学评价工作，评价标准单一、滞后，一定程度上造成了一些学生高分低能现象的存在。大学英语的实际运用能力的培养近年来不断受到社会各界的高度关注与重视，而如何在教堂内真正实现对学生实际运用能力的培养和提升是大家普遍关注的问题。课堂的综合性过程性评价从一定程度上为教师与学生对实际能力的考查与评价提供一个平台和一种尺度，更为全面、公平、客观、综合地评价学生在整个学习阶段在教学活动中的参与度、与小组其他成员的配合度、课外拓展学习的自觉性和在课堂展示中的实际表现情况，从而真正提升英语实际运用的能力训练在大学英语课堂教学中的地位。

二、大学英语多模态互动教学模式的应用

教学活动设计。教学活动的设计是有效开展多模态互动教学的关键。在多模态互动教学模式中，教师不仅是传统意义上的知识的讲解者，更是整体教学活动的设计者、组织者、评估者，因此，学期初，教师就应仔细分析《教学大纲》和教材，明确教学目标，结合教学目标规划并设计该学期的若干教学任务。学期课程开始时，任课教师就应就该学期的课程要求、重点任务安排、考核内容及要求、学生小组的分组与安排以及多媒体课件、教学软件平台运用、作业提交、师生线上交流方式等内容与学生进行充分的沟通，使学生了解多媒体互动教学模式的过程化评价特征，强调生生协作与师生互动的交流与学习模式，以便于学生提高对学期课程学习方式的总体把握，自觉提高课程任务的主动参与度。

单元主题导入。大学英语的课程以单元主题为贯穿线索，综合了听、说、读、写、译等各方面的语言要求，因此，在进行多模态互动教学的实践中也要结合各单元主题设计有针对性的教学活动，对于较好地开展大学英语课堂的多模态互动模式具有非常重要的意义。大学英语《课程要求》中明确了除培养学生的英语综合应用能力、发展学生的自主学习能力外，提高学生的文化素养依然是大学英语教学的主要教学目标，大学英语教学的"人文性"特征不可忽视。以教育部推荐的普通高等教育"十五""十一五"国

家级规划教材《全新版大学英语》为例，教材设计中已充分考虑了大学英语通识教育任务，对于在学生成长阶段所需要学习和思考的主要议题都有所选取，如"成长、代沟、价值观、男女平等、教育和科学发展"等议题都以单元的形式进行了设计。教师可以在充分利用教材的同时，围绕主题发掘相关的视、听、说、读的材料，在语言输入环节进行同主题多维度多形式的导入，使学生充分浸润于主题相关的语境，通过指导阅读和文本分析，使学生熟悉相关的词汇与表达方式，了解有关的信息与不同的见解，激发学生的想象力，提供学生多维度的思考空间，从而为学生参与讨论并形成自己独立观点做好充分的准备。

小组讨论及活动准备。这一环节以课内与课外相结合进行展开，教师在主题导入后，结合主题，提出讨论议题，可结合课文内容及拓展材料，要求学生进行阅读、描述、总结、讨论等学习活动，以小组为单位，进行分组讨论及活动展示准备，可以是小组讨论汇报，可以是个人观点陈述或演讲，可以是课堂组队辩论，可以是PPT的论题阐述及课堂展示。在讨论及课堂展示的准备阶段，教师可就话题。预设各种细节性及思辨型议题，引导学生进行多维度的思考，拓展学生的思维空间。教师需要就课堂活动的展示形式及要求给予学生具体的指导并解答学生的疑问，教师也需要引导学生在小组内部分工的基础上，利用课后就相关议题进行资料收集和整理，相互切磋讨论，最终形成综合性报告。

教学活动展示与评价。这是检查教学活动设计是否合理及学生能否充分理解并运用所掌握的信息与材料，就相关议题形成思辨型独立见解的关键。学生可以展现学习成果，小组讨论意见的总结、作品的表演、PPT的展示等，学生及学生小组的学习与综合运用能力得到了集中的体现。学生通过相互观摩、相互点评，形成良好的生生互动的气氛。在这一环节中，学生是课堂的主体，是课堂活动的主角，教师则更多地担负了组织者、协调者和评价者的角色。但教师的评价依然非常重要，教师需要依赖长期的教学经验，善于观察并能指出学生在实践中的得失，旨在鼓励并保护学生的参与热情，并有针对性地提出可操作的改良方案。

大学英语多模态互动教学模式的应用尚处于摸索与实验阶段，但这一模式立足于当前网络时代的信息传输技术的快速发展，较好地构建了课堂内外、教师与学生间、视听说读译的立体交互教学平台与模式，必将深刻影响未来大学英语教学的整体发展。这种模式的开放性、灵活性、互动性是原有的传统教学模式所不能比拟的，但要真正充分地运用好这一模式，对于大学英语教师与学生都提出了比较高的要求。如何能够完善教师与学生在课堂角色上的重新定位，突出以学生为主体，教师如何从主体逐步过渡到组织与设计与评估的角色，教师如何在突出单元主题的过程中提供多维度的有效资源，如何有效促进、督促并保证教学任务呈现的效果，这都极大地考验着教师的经验与智慧，教师在实际操作过程中需要通过不断地创新与实践，去发掘适应各种不同学生的个性化的激励、引导、督促和评价方式。大学英语多模态互动教学模式培养了学生的语言综合运用能力，以及协同合作能力和社会交往能力，为培养英语的复合型人才打下了扎实的基础，必将是大学英语教学课堂模式改革发展的主要方向。

第四节 大学公共英语教学中英语的应用

随着我国教育事业的不断发展、新课程改革的逐渐完善，大学公共英语也相应地有了新的发展要求。现代英语教学不应该再局限于死记硬背，而应注重应用能力的培养。本节紧扣英语实际教学，探讨了教育者如何凸显英语的实用性，目标明确地培养学生对英语的应用能力。

在大学公共英语教学中，学习能力与综合应用能力有紧密联系性，综合应用能力的有效培养，需要完成自主学习能力的有效培养，进而完成大学公共英语教学中英语应用能力的培养，争取促进学生综合应用能力的有效培养。并且，英语学科的实用性一直被忽视，尤其是在大学教育阶段更应该注重英语教育。英语教学贯彻创新素质教育的不断发展，教育者更加关注英语教育的英语的实用性，在教学中，应着重培养学生的理解表达能力和阅读写作能力。

一、综合应用能力概述

在大学英语教学中，培养学生英语的应用能力非常重要，英语应用能力在综合应用能力的范畴内，在对学生英语应用能力进行培养的过程中，能够促进学生综合应用能力的有效培养。近年来，大学英语教学改革越来越深入，不断对学生英语应用能力的培养进行强调，本节基于学生英语应用能力培养的重要性与现状，提出了相应的教学建议，以期使大学英语教学有效性得以提升。

对大学生公共英语综合应用的能力进行培养时，大多教师会从英语应用能力的培养入手，在学生有效完成学习活动的过程中培养其综合应用能力。一般情况下，大多数大学生完成学校中的学习后都会以独立而自由的个体进入社会中，因此，对于大学生的培养，除了必要的知识外，需注重自主性、独立性、创新性等方面的培养，使学生进入社会后具备终身学习的意识与能力，具备对英语应用能力进行提升的能力。在高校英语专业的教学中，英语应用能力指的是学生获取英语知识、将英语知识迁移到实际生活中、应用英语灵活进行交际等方面的能力。对大学生公共英语应用能力进行培养时，要求教师将学生当作教学活动开展的中心，为学生组织一系列需要学生针对探究、合作完成的学习活动，使学生可以参与习得知识的整个过程，在此过程中对学生综合应用能力进行有效培养，使学生可以将英语知识灵活应用到各种场合中，并不断对自身的英语水平进行提升。实际上，对英语应用能力进行培养蕴含着终身教育思想，在培养学生英语综合应用能力方面有重要意义。

二、分析大学生公共英语综合应用能力培养的现状

学生在教学过程中的主体地位不够突出。现阶段，高校英语专业英语课程改革日渐深入，在改革过程中，不断对学生主体性进行强调，但因班级设置、教学任务、教学模式等多个因素的影响，英语教师对教学活动进行开展时，教师仍然是课堂的主角。另外，部分英语教师所用教学方法还比较传统，照本宣科地将英语相关理论知识灌输给学生，学生难以有效参与学习过程，这严重影响着学生英语应用能力的有效培养。

所用教学模式较为传统。对于英语专业的学生来说，英语四、六级考试必须通过，而相关调查结果显示，80%以上的大学生对英语进行学习的主要目的是通过英语四、六级考试，这些学生一般不会主动参与教师组织的教学活动，而是大量对词汇进行背诵，并做大量的练习册。这虽然在一定意义上也属于一种综合学习的表现，但难以实现英语知识综合应用能力的有效培养。另外，尽管现阶段相关教育部门一段对大学应用四、六级考试进行改革，四、六级考试越来越倾向于对学生英语综合应用能力进行考查，但从就业市场方面看来，很多用人单位仍然将四、六级成绩当作对英语专业学生的主要评价指标。受此影响，大学英语教学仍然或多或少残留着应试教育的影子。教师过度注重学生英语理论知识的提升，在一定程度上忽视了综合应用能力的培养。

"学以致用"难以实现。目前，部分高校对英语教学的教材进行选择时，教材中的内容与学生实际生活还有一定脱离，英语专业的英语教学内容大多注重对学生听、说、读、写等方面的能力进行培养。在这样的英语教学中，所涉及的英语大多为书面英语，与实际生活的联系性不强，应用性英语知识不多，即使不断对英语针对口语学习活动进行组织，使学生对英语知识进行学习，也难以实现学生综合性英语应用能力的有效培养。此外，在班级容量、教学时间等限制下，现阶段大学英语教学仍以课文的精读为主，在其中穿插少量的口语与听力练习，难以实现学生英语交际能力的有效培养。

三、大学生公共英语综合应用能力有效培养的教学建议

更新教育理念，创新教学模式。在教学实践中，教育理念直接关系到教学活动的组织是否可行、有效，目前，建构主义、交际理论、人本主义理论等教育理念都已经逐渐被融入英语教学中，这些理论的融入，在很大程度上促进了英语教学质量的有效提升。

因此，在对英语专业学生进行英语教学时，教师应该注重教育理论的更新及教学模式的创新，将以人为本的理念融入教学活动的组织过程中，以"学习论"来对传统教学中的"教学论"进行替代，使学生可以积极地参与学习的整个过程，从而实现"以学生为中心"的教学。此外，教师还应该注重学生语言应用能力的培养，逐渐将"知识与技能传授"的英语教学模式转换为"学习能力培养"的教学模式，要想使学生成为知识的建构者，主动对自己的英语知识结构进行建构。在具体的教学中，教师需注重教学模式的创新，为学生创建更多可以积极参与学习过程的机会，并对一些探究任务进行设置，布置给学生，要求学生以正确探究的形式完成，这样，才能够实现学生英语语言应用能力的有效培养。

发挥学生主体性，实现学习能力以及综合能力的有效培养。使学生在教学过程中的主体性得到有效发挥，需从教师角色的转变入手，在传统的大学英语教学中，课堂教学最主要的内容是教师的讲授，学生对英语的学习由教师主导。而对学生英语综合应用能力进行培养的大学英语教学需将学生作为中心，需要在交互式、启发式的教学模式下进行，只有在这样的教学模式下，学生才不再是知识的被动接收者，而将变为信息的有效加工者、知识的主动建构者。在具体的教学中，教师需将小组合作、任务教学法、情景教学法等具有实践性的教学法积极引入，为学生组建一系列可以亲自参与其中的教学活动。例如，教师可积极引入小组合作的教学方法，在关于阅读与写作的教学中，教师可依据实情将学生分成不同的小组，为学生提供一些名著书目（全英文），指导学生以小组合作的形式完成阅读，共同用英语做出一篇读书报告，并推选出一名小组成员上台进行报告。在这个过程中，为了能够作出更为精彩的读书报告，学生势必会积极展开小组讨论，共同对书本中共同的句子、观点进行总结，相互进行讨论，这样，可对学生学习英语的能力进行培养。与此同时，在上台报告的过程中，学生可倾听其他小组的观点，并将自己不同的看法提出，还可对上台报告学生的英语口语、表达能力进行提升。这样，不但可对学生学习英语的能力进行有效培养，而且能够促进学生英语综合英语能力、综合素质的培养。

引入分层异步教学，实现"因材施教"。在对大学生实施英语教学时，教师需注重学生个体化差异的尊重，依据学生具体情况，对教学方法进行灵活转变，以实现学生的全面发展。因此，在对学生英语综合应用能力进行培养的过程中，教师需注重个性化教学的实施，对于不同的学生，设置不同的学习任务、提出不同的要求，以帮助学生找到适合自己的英语学习方法，进而让学生进行有效的学习，在学习的过程中不断提升英语应用能力。对此，高校可对英语课程进行分级设置，一般为一至四级，依据学生英语水平，将学生分成不同的班级，在各个层级的班级设置不同的学习起点。同时，高校还可对语言技能、语言文化、综合英语等课程进行开设，以选修课的形式供不同的学生选择，使学生选择自己感兴趣的英语课程进行学习，以对学生英语学习的兴趣进行激发。此外，高校还应该注重网络教学的实施，设置"助学课件"供学生在网络上有效的下载并学习，让学生能够依据自己的英语水平对学习进度与重点进行把握。比如，英语基础较差的学生可以侧重于词汇、语法的学习，听力较差的学生可以反复对听力材料进行聆听，口语较差的学生可以通过影片等进行模仿练习，英语水平较高的学生对其他感兴趣的英语材料进行选择与学习，进一步对自身英语水平进行提升。在学生活动中，学生可对自身英语语法、英语口语、语言应用等多方面的水平与能力进行提升。

拓展第二课堂，实现英语应用能力的有效培养。大学生公共英语综合应用能力的培养不能局限于第一课堂，还需注重第二课堂的拓展。对此，英语教师可积极与学校团委、社团等合作，共同对英语演讲比赛、英语交流茶话会等活动进行组织，为学生提供更多用英语交流的机会，使学生英语应用能力得到有效提升。与此同时，如果对与英语相关的活动进行了组织与举行，教师与学校都应该对参赛学生做出相应评价，教师的评价需以鼓励性语言、语气为主，使学生学习英语的信心增强，学校的评价可进行全校表彰、颁予荣誉证书、给予学分奖励等。这样，可在全校范围内形成浓厚的英语学习氛围，使学生受到感染，对英语进行学习，参与教师组织的教学活动，以及学校组织的英语竞赛、英语交流等活动，使学生英语综合能力在参与活动的过程中得到有效培养，让学生可以灵活地将英语知识应用到实际生活中，灵活应用英语与他人进行交流。

总之，在高校英语专业学生进行英语教学时，学生英语知识综合应用能力的培养极为重要，直接关系到英语专业对人才进行培养的质量。因此，相关英语教师应该不断对教育理论与教学模式进行更新，将学生英语水平的提升与可雇佣能力的培养有机融合起来，在培养学生良好英语学习习惯、英语学习能力的同时，对学生英语知识应用能力、综合素质等进行提升，使学生能够全面发展，培养出更为优秀的英语专业人才。

第五节　英语新闻输入在大学英语教学中的应用

教育部高等教育司发布的《大学英语课程教学要求》将大学阶段的英语教学要求划分为三个层次：一般要求、较高要求、更高要求，并分别就听、说、读、写、译从三个方面做了要求。阅读理解能力有三个层次的要求：能借助词典阅读本专业的英语教材和题材熟悉的英文报刊，掌握中心大意，理解主要事实和有关细节；能基本读懂英语国家大众性报刊上一般题材的文章；能阅读国外英语报刊上的文章。2016年，大学英语四级考试听力部分进行了局部调整，取消了短对话和短文听写，新增了短篇新闻听力。那么在大学英语学习过程中学生的英语新闻输入情况到底怎样？教师如何在大学英语教学中引导学生进行英语新闻的输入呢？

一、英语新闻输入问卷调查数据分析

此次问卷调查主要包括英语新闻阅读习惯、英语新闻阅读目的和效果、英语新闻阅读兴趣、英语新闻阅读途径和来源、英语新闻输入的必要性、英语新闻阅读障碍和需要的帮助等方面。调查对象为西北大学现代学院2016级财务管理专业两个班的学生。此次调查共收回问卷110份,其中有效问卷为110份,有效率100%。问卷共设计了12道题目,其中包括11道选择题和1道问答题。

英语新闻阅读习惯。"你有阅读英语新闻的习惯吗?"调查结果显示有阅读英语新闻习惯的有26人、没有阅读英语新闻习惯的有84人,分别占被调查者的24%和76%。由此可见,学生的英语新闻阅读习惯还需要加强。

英语新闻阅读目的和效果。"你阅读英语新闻的目的是什么?"调查数据表明学生阅读英语新闻的目的具有多样性,选择了解时事新闻、扩大词汇量、了解不同文化提高跨文化交际能力、完成课堂活动、为四级英语听力考试做准备的分别有49人、58人、52人、54人和60人。有55%的学生阅读英语新闻是为四级英语听力考试做准备。"阅读英语新闻对你有哪方面的帮助?"认为只有助于了解时事新闻、扩大词汇量、了解不同文化提高跨文化交际能力、提高四级英语听力水平的分别有4人、6人、2人和2人,其他学生认为通过阅读英语新闻得到的帮助是多方面的,如认为扩大词汇量的有86人、认为提高四级英语听力水平的有63人。

英语新闻阅读兴趣。"你对哪方面的英语新闻感兴趣?"其中对政治、体育、娱乐新闻感兴趣的分别有1人、1人和6人,其他学生对政治、经济、军事、科技、体育、娱乐新闻等方面的兴趣也是不同的,如对政治科技娱乐、经济科技娱乐感兴趣的分别有10人和8人。"在本学期的英语新闻输入活动中,你选择了哪方面的新闻报道?"据了解,学生选择的话题涵盖各个领域:政治、经济、文化、科技、体育、娱乐等。网络的普及和智能手机的应用使学生获取各个方面的新闻信息成为可能。

英语新闻阅读途径和来源。"你主要通过哪些途径阅读英语新闻?"问卷结果显示有107名学生选择网络这一方式阅读英语新闻,占被调查者的67%。"你经常阅读的有哪些英文报刊和网站?"有60名学生选择《中国日报》,占被调查者的55%,这与课堂活动中学生获取英语新闻的来源是一致的。

英语新闻输入的必要性。"你觉得大学英语教学中英语新闻输入有必要吗?"有106名学生认为有必要,占被调查者的96%。"你觉得英语新闻输入对你有哪方面的帮助?"认为只有助于了解时事新闻、扩大词汇量、了解不同文化提高跨文化交际能力、培养阅读习惯、为四级英语听力考试做准备的分别是1人、2人、1人、1人和2人,其他学生都认为英语新闻输入可以为他们提供多方面的帮助。如了解时事新闻的有 66 人,扩大词汇量的有 77 人,了解不同文化提高跨文化交际能力的有 65 人,培养阅读习惯的有 56 人,为四级英语听力考试做准备的有 54 人。

英语新闻阅读障碍和需要的帮助。"在阅读英语新闻时,你遇到了哪些障碍?"调查数据表明学生在词汇、文化背景、新闻特点等方面都存在不同程度的问题,其中有 103 名学生认为在词汇方面有困难,有文化背景障碍的为 57 人,还有 27 人认为由于对新闻特点不太了解而造成阅读英语新闻时的障碍。"在提高英语新闻阅读能力方面,你还需要哪些方面的努力?"认为需要扩大词汇量的有 103 人,了解文化背景的有 64 人,了解英语新闻特点的有 60 人。

"在提高英语新闻阅读能力方面,你还需要什么样的帮助?"根据调查数据统计,65% 的学生认为需要多方面的帮助,如教师的辅导、资料的获取、阅读环境的创设等,其中有 78 人认为需要创设阅读环境、74 人认为需提供资料的获取途径、47 人认为教师的辅导很重要。

二、英语新闻输入在大学英语教学中的应用

根据调查结果分析及《大学英语课程教学要求》,在大学英语教学中进行英语新闻输入是十分有必要的。首先,96% 的学生认为大学英语教学中十分有必要进行英语新闻输入;阅读英语新闻有助于学生了解时事新闻、扩大词汇量、了解不同文化及提高跨文化交际能力、提高四级英语听力水平等。其次,学生在阅读英语新闻时会遇到不同的障碍并需要相应的帮助,教师在大学英语教学中对英语新闻特点等进行相应的讲解有助于学生更好地理解新闻内容,进而培养学生阅读英语新闻的习惯。最后,新闻涵盖各个方面,如政治、经济、军事、科技、体育、娱乐等,阅读英语新闻既能满足学生的不同需求和兴趣,又能拓宽学生的视野,提高学生的跨文化交际能力。

课堂活动设计。由调查数据可知,76% 的学生没有阅读英语新闻的习惯,所以在大学英语课堂教学中增加英语新闻输入可使学生由最初的"被动"阅读转变为"主动"阅读,进而营造班级良好的英语新闻阅读氛围。在大学英语教学中,教师和学生可将自己感兴趣或热议的新闻话题分享给班级同学进行讨论;教师应根据课程内容安排学生阅读相关英语新闻并进行总结和阐述。这一活动不仅能够活跃课堂气氛,还能够增强学生阅读英语新闻的意识,并加强英语新闻的输入。

教师的指导。在进行英语新闻阅读时,学生会遇到不同的障碍,尤其是英语新闻词汇的特点给学生造成了很大的困扰,这就需要教师及时给予指导和帮助。

以《英语报刊阅读》中的一篇新闻报道中的部分句子为例,其中,使用借喻修

辞手法的有"White House officials dismissed the notion of any campaign to discredit Greenspan"。"White House"指代的是布什政府；使用首字母缩略词的有"But anotherGOP panelmember，Jim Bunning ofKentucky，has been sharply critical of Greenspan for some time and recently complained to him" "GOP（Grand Old Party）"指大老党，美国共和党的别称。使用简缩词的有"The Fed chairman said future tax cuts should be paid for，either by spending cuts or tax increases." "Fed（Federal Reserve）" 指美联储；"The committee's Republican chairman，Sen.Richard Shelby of Alabama，told Greenspan" "Sen.（senator）"指参议员。

为了提高学生阅读英语新闻的能力，使其更好地理解报道内容，教师对英语新闻标题的语法特征进行讲解也有一定的必要性。以《中国日报》中某些新闻标题为例，时态的使用：英语新闻标题中一般现在时的使用给读者一种"及时性"的感觉，如 Xi, Trump exchange views on China-US cooperation；Shenzhou XI return capsule touches down。分词的使用：动词现在分词的使用表示正在进行的动作，如 BYD buses makingLiverpoolgreener；Returned pandasadaptingtonew Sichuan home；动词过去分词的使用表示被动语态，如 Long March anniversary marked with album of generals' portraits；Trapped Chinese tourists safely evacuated from quake-hit area in New Zealand；动词不定式的使用表示将来，如 Chang'e 5 lunar probe to land on moon and return in 2017；Thailand to cut visa fee for tourists from 18 countries。

对英语新闻结构的了解有助于学生在阅读时把握重点、分清主次。倒金字塔结构是英语新闻写作中常用的一种结构，即按照重要性递减的顺序组织新闻内容。以《中国日报》中的一篇报道为例：Xi vows non-stop effort in reform, opening up。在新闻的第一段，即导语部分就说明了人物、时间、事件等关键信息：Chinese President Xi Jinping on Wednesday promised non-stop effort in reform and opening up and commitment to an open economy。了解新闻结构的特点有助于学生理解整篇报道的内容，能够提高学生阅读英语新闻的自信心和效率。

《大学英语课程教学要求》对学生阅读英语新闻能力做了相关的规定，而问卷调查却发现大部分同学没有阅读英语新闻的习惯。那么在大学英语教学中进行英语新闻输入就成为培养学生阅读习惯的关键组成部分。网络及智能手机的广泛应用使学生能够更方便地获取英语新闻材料，如人民网、新华网、国际在线、美国有线电视新闻网络、《中国日报》、VOA英语听力、流利阅读等；学校也可在图书馆报刊阅览室提供纸质的英语新闻资料供学生阅读。通过课堂活动及教师的指导，相信学生能够克服障碍进行英语新闻阅读，并养成良好的阅读习惯。虽然问卷调查在广度和深度上仍有待提升，但在一定程度上反映了独立学院非英语专业学生阅读英语新闻的情况，并对大学英语教学有一定的启示。

第六节 启发式教学在大学英语教学中的应用

当今社会对于大学生外语水平的要求越来越高，因此教师应该采用启发式教学法，让学生重拾英语学习的热情，提高学生的综合能力。本节列举了一些启发式教学法在大学英语教学中的应用，阐述了启发式教学法在大学英语教学中的意义。

当今社会对于大学生英语水平的要求越来越高，大学英语应该注重全面提升大学生的英语综合运用能力，增强学生的人文素养，培养具有国际视野的人才，能够适应时代的发展，从而实现工具性和人文性的统一。然而当今很多大学生都将大学英语"边缘化"，依旧认为只有学好理工科的课程才是硬道理，往往不会花时间去学习英语，所以他们的英语语言使用能力较弱、流利性不够、思维缺乏深度，因此，大学英语教师应该有针对性地提高学生的综合能力，培养他们的学习兴趣。

一、启发式教学法的内涵

启发式教学法指的并不是一种单纯的教学方法，而是一种教学理念和思想。教育部对于启发式教学的定义为：启发式教学发挥作用的手段是任课教师根据教学基本的内在规律在教学过程中持续有效地激发学生的学习新知识的欲望，目的是引导协助学生的思维活动一直处于主动的状态之中，进而有效保持受教育者学习新知识的主动性和参与课堂的积极性。布鲁纳认为，学习者不是被动地去接受知识，而应该主动地获取知识。因此作为大学英语教师的我们，应该充分认识到每个学生的重要性，尊重学生，了解学生的心理，努力去营造一个轻松和谐的学习氛围。

二、启发式教学法的应用

（一）创设情境

教师在导入课文的时候，可通过把学生带入课文中的情境中去，也可以在讲授的过程中，根据文章创设情境，使学生能够更好地理解作者的意图。

例如，在讲授新视野大学英语第三版第二册，第七单元的 Text A，When honesty disappears 中，笔者就运用了这种方法启发学生思考。在导入过程中，笔者给学生展示了几张情境图片，第一张是两件夹克衫，并向学生提问，"If your friend has bought a jacket which you think is very ugly, and he asks you about your opinion, what will you say?Will you say directly that it is ugly?Or will you say that is looks just so-so?Or…"第二张图片的情境是如果学生没有按时完成作业，他们会怎么做？通过创设与学生生活息息相关的情境，启发学生思考自己身边的诚信现象，反思当今社会的诚信问题，从而对本节的内容产生更大的共鸣，不仅提高了学生学习本节的兴趣，还能够让他们对文章有更深刻的理解。

再比如，在讲授新视野大学英语第三版第四册第一课的 Love and logic 中，当讲到两个人第一次约会的情形的时候，暂时先放下课文的内容，向学生提问，"If you date a girl for the first time, what will you do and what will you say?"启发学生带入情景，想象如果自己是叙述者，会怎样做，然后再与作者的行为做对比，从而启发学生分析出作者的内心状态。

英语教师在使用启发式教学法给学生创设情境的时候，教师需要充分了解学生，了解他们的心理和生活状态，然后创造合适的情境，使他们能够真切地带入情境中，从而启发他们认真深入地思考问题，对所学的内容有更深刻的理解，跳出课本的圈圈，有自己的批判性思维。

（二）激发兴趣

平庸的老师会讲授知识，好的老师会给学生解释知识，优秀的老师会给学生演示知识，而真正伟大的老师则会激发学生的学习兴趣，启迪学生自主学习。兴趣永远是学生最好的老师。没有兴趣的学习，只能是机械的考试工具，而且很容易学过就忘记了，难以产生长期的效果，因此教师需要帮助学生激发他们的学习兴趣，使他们从被动地接受知识变成真正地想要去学习，提高他们探索未知的能力。在教学过程中，教师可以利用学生的求知欲，在讲课过程中设置难度适当的悬念，启发学生主动去探索知识，可以利用学生对新鲜事物的好奇，设置趣味性问题，启发学生主动去获取知识。

比如，在讲授新视野大学英语第二册第三单元，The Odyssey Years（奥德赛岁月）中，先给学生播放奥德赛的视频，让学生了解奥德赛的内容，启发学生根据奥德赛的内容来思考，奥德赛岁月指的应该是一段什么样的岁月，引导学生自己探索文章，理解奥德赛岁月的内涵。

这样不仅能使学生自发地去学习文章中出现的生词和短语，从而提高自己的词汇量，更重要的是能使学生对于奥德赛岁月有更深刻的理解，这样在他们今后遭遇到奥德赛岁月的时候，能够认清现实，更好地看出事情的本质，找到自己应该做的事情，不至于迷失自我。

教师通过刺激学生的学习兴趣，调动学生主动学习的内在动力，提高学生的学习能力，同时也能够启发学生的思维，加深学生的印象，让学生对所学的知识受益终身。

（三）讨论启发

所谓的讨论启发，就是在教学过程中，将学生分组，设置一定的开放性问题，引导学生在组内大胆表达自己的想法，碰撞彼此的思想，分享经验，相互交流，积极地参与到课堂中。

例如，在新视野大学英语第四册第一单元的课文 Love and logic：the story of a fallacy 中，对于 fallacy（谬论）的探讨，笔者首先根据 fallacy 的定义，给学生解释什么是谬误，然后举出两个生活中常见的谬误的例子，之后将学生分组，每组四五个人，让学生在组内讨论，举出更多的生活中出现的谬论，最后每组派出一个代表给大家做汇报，全程用英文进行，在学生进行讨论的时候，笔者会在学生中间走动，适时提供一些帮助。最后在讨论法的启发下，学生之间彼此交流、思想相互碰撞，研讨出很多很棒的例子，比如有的组举出 "regional discrimination, for example, people tend to think Sichuan and Chongqing people always eat spicy food and Henan people steal 井盖." "The textbooks appropriate for Tsinghua students may not be suitable for us to study." 对于学生出现的一些语法错误以及生词，笔者也提供了改正和帮助，由此，学生不仅提高了自己的英语表达能力，更重要的是更加清楚了 fallacy 的含义，并且能够在今后的生活中有一双慧眼，能够去发现通常被人们所忽视的谬论，更加理性地去看待事物。

通过讨论法启发学生学习，教师需要将学生要讨论的内容说清楚、讲明白，使学生带着明确的目的相互讨论，在讨论过程中，教师不仅要监督学生确保他们是在用英文讨论，还要给予相应的启发和帮助，扫清他们基本的障碍。讨论法的使用充分发挥了学生的主体作用，弱化了"教与学"的上下级关系，通过学生之间的交流，互相促进，不仅有助于构建一个活泼和谐的课堂气氛，还能够提高学生学习的动力，使他们能够自然地掌握知识和能力，将所学到的东西内化于心。

（四）开放式作业

课后练习是教学过程中一个重要环节，学生需要在课后花费一定的时间和精力去巩固知识，去拓展知识面。启发式教学要求教师不应拘泥于传统的教学思想，课后让学生背单词、做题，而是应该采取更多样性的活动，让学生对课后作业不那么反感。教师可采用一些合作式、实践性较强的作业让学生去完成，避免学生认为学英语知识机械化的记忆。

例如，新视野大学英语第二册第一单元"难忘的一课"一文主要表达的是学生学不好英语的原因不仅仅在于学生自身，更在于他所处的环境以及老师的教学问题等，文中举出了一些日常生活中所出现的简单低级的单词错误、语法错误等，针对这一点，教师可以让学生在课后自己搜集我们生活中常见的一些翻译错误，这样不仅能提高学生的英语水平，还能够培养学生平时注意观察生活的习惯，成为一个细心的人。或者，在大学英语第二册第四单元 College sweetheart 一课中主要讲述的是作者在大学时期甜蜜的爱情故事，笔者在布置课后作业的时候就让学生以小组为单位，每组自编自演一个十分钟左右的英文爱情短剧，让每个学生都参与到创作过程中去，收到了很好的教学反响。

又如，在新视野大学英语第一册第六单元 To work or not to work 一课中，作者列举了当今美国大学生关于是否在读书期间选择兼职工作这一问题上的选择及其原因，简单分析了美国大学生的生活现状。根据这一内容，笔者启发自己的学生分组在课下采用问卷等方式对自己身边的中国大学生关于是否兼职这一问题做出调查，并形成一个系统的调查报告。虽然最后学生做出来的报告相对粗糙，但这也在一定程度上提高了他们的学术思维能力。

三、启发式教学的意义

启发式教学打破了传统教学中单纯的"教与学"的模式，教师不再是课堂上的"独唱者"，而是形成了以学生为主体的教学模式。启发式教学法能够让学生产生对英语的学习兴趣，从而促进学生主动获取知识的欲望。此外，通过启发式教学法，还能够提高学生自主学习的能力、创新能力以及科研学术能力，培养学生的批判性思维。

第五章　大学专门用途英语（ESP）教学模式

在全球化的背景下，英语作为国际主要通用语言，需要满足各类人员的需要。在此条件下，ESP（专门用途英语）应运而生，它是一种基于特定行业、特定内容的英语类型。ESP 具有更强的专业性，实用价值比较高，这与我国高校人才培养的目标具有一致性，因此在 ESP 框架结构下，对高校大学英语教学提出了更高的要求。高校传统的大学英语教学模式很难满足高素质人才培养的需要，教学模式的改革成为必然的趋势，并且改革需要以新的思路为指导，以新的模式为创新，将 ESP 全面融入英语教学中来，突出专业性英语人才的培养目标。

第一节　专门用途英语（ESP）基本概述

一、ESP 的内涵

ESP 是 "English for Specific Purposes" 的缩写，即 "专门用途英语" 或 "特殊用途英语"，如旅游英语、外贸英语、财经英语、商务英语、工程英语等。ESP 教学理论是由英美等国的应用语言学者在 20 世纪 60 年代提出的。在当时，世界各国已逐步从二战的创伤中恢复过来，全球经济迅猛发展，科学技术日新月异，国际贸易、金融保险、邮电通信、国际旅游、科技交流等全球范围内的交往日益频繁，英语作为国际语言的地位也日益得到加强，成了一种世界性的语言。但因为学习者具有不同的学习目的，这就要求采用不同的教学内容和不同的教学方法，改革传统的概念，确立新的概念，即把英语当作交际工具来教，培养学生在不同的实际环境中运用英语的能力。而随着语言学领域的革命及教育心理学的发展，人们开始强调学习者个人的需求和兴趣，认为学习态度和学习动机对于学习效果有着重要的影响，因而教学的重心应由传统的"教师中心"转向"学生中心"，并最终转向"学习中心"，这些领域的研究成果都为 ESP 的形成奠定了理论基础。为了满足各类人员学习英语的需要，ESP 便应运而生了，而学英语热的持续升温又导致 ESP 的迅速发展。

二、专门用途英语的特点

通过对专门用途英语概念的阐述以及分类，我们可以总结出专门用途英语的几个特点：

首先，专门用途英语是一种教学途径，不是特殊的语言种类，也不是一种产品。它与教学方法、教学技术有本质上的区别，专门用途英语通常是指语言本质和如何进行语言学习的研究。同时，根据特定学习者群体的需求来制定教学教材、教学内容、教学方法和教学技术等。专门用途英语的语言无论是在形式上还是在种类上，教学方法并没有与其他形式截然不同，各个领域之间的语言差异不能否定语言的根本共性。

其次，专门用途英语教学是英语语言教学的一个分支学科，并不是有别于常规语言教学的特殊存在，相反的，专门用途英语教学恰恰正是英语语言教学的个分支。专门用途英语通常与特定学科领域或者职业有紧密的关系，是根据学习者的学科需求或者职业需求所设置的英语课程，实用性和针对性较强。另外，专门用途英语教学在原则和教学方式上与一般用途英语教学基本统，并没有独特的教学方法。专门用途英语与普通英语教学的不同之处就是根据学习者学习需求的不同，进行教学方法和教学内容的转换。由此可见，对学习者的需求分析是一门用途英语教学活动开展的重要部分。

再次，专门用途英语是一个特定的语言范围。部分学者曾统计得出专门用途英语与常规英语的词汇超过半数是重叠的，而且很多科技词汇都是由常规词汇通过构词法派生出来的，专门用途英语与常规英语的语法结构基本保持一致。因此，专门用途英语与常规英语是紧密相连的，专门用途英语不能作为独立于英语语言之外的专门语言，它只是一个特定的语言范围。

最后，专门用途英语是一种多元化的教学理念。对于学习者需求的不同，专门用途英语的教学内容、教学方法也呈现出多样性。由于专门用途英语与特定的学科领域、职业领域具有很大的相关性，因此要求专门用途英语的语言知识要涉及大量的专业知识，学习者的需求也表现出不同的特点。在不同国家和不同地区，专门用途英语教学的政策支持、教学重点存在很大差别，这也会使专门用途英语教学内容、教学方法呈现出多元化的趋势。

三、ESP 在我国高校英语教育中的定位研究

在我国高校英语教学改革的大背景下，外语界大批的研究者对我国高校英语教学的方向提出了自己的观点。秦秀白于 2003 的研究认为高校英语教学应该定位在"专用英语"（ESP）上，并提出了较具体的想法：大学阶段的前两年，学生应该学习"学术英语"（EAP），

其听、说、读、写诸方面的技能训练都应围绕开展学术活动进行。到了高年级阶段，学生应该结合自己的专业学习更高层次的"学术英语"，相当于国外倡导的"专用学术英语"。蔡基刚提出我国大学英语教学的发展方向应该是 ESP，而不是外语通识教育。他明确提出外语人文类课程不能也不应成为基础英语后的唯一选修课程，更不能成为大学英语的发展方向，未来大学英语教学的定位应该是 ESP 教学或学术英语。张莉与方悦娴于 2012 年在对国内 ESP 教学发展状况进行研究的基础上，提出 ESP 将是大学英语课程改革的出路并对 ESP 课程在各类型大学的定位提出了自己的想法：就学校而言，普通院校以 EGP 为主，ESP 作为辅助或选修；重点大学应逐渐转向不设公共英语课，学生入学后直接接受双语教学。关于 ESP 在我国英语专业教学中的定位，多位研究者如南佐民、陈葵阳等，都表达了类似的观点，即 ESP 是培养复合型英语专业人才的一种有益尝试。孙有中和李莉文则认为无论是英语专业还是大学英语，教学中心都应该及时向专门用途英语做出调整。

关于 ESP 在我国英语教学中的定位，这些研究者基本都认同 ESP 是我国大学英语教学的发展方向。但大部分研究者对 ESP 在我国大学英语中的应用深度，还持保守态度，大多认同大学英语要分阶段教学，先是通用英语，再进行专门用途英语的教学。我国普通高校的大学英语教学不应该再有阶段之分，因为现在大部分学校的公共英语课程只有三个学期。在有限的课时内，还要将一门课程进行分割，无法让教学软资源和硬资源得到集中有效的利用，必然使课程效果大打折扣，正如学者蔡基刚对于大学英语教学的观点："大多数大学都可以用学术英语替代目前的综合英语。我们不是要取消大学英语，我们要的是另一种大学英语。"这里的另一种大学英语在本研究中，我们称之为大学 ESP 课程。

四、国内大学 ESP 课程历史沿革

我国 ESP 课程的历史可以追溯到新中国成立初，当时建国迫切需要新的科技的支持，需要一大批能够看懂国外科技文献的专业人才。在这样的时代背景下，1962 年出台了第一份大学英语教学大纲。在此大纲的指导下，在"文化大革命"结束前，我国大学的英语教学内容以科技英语为主，学生学习英语的目的就是为了阅读科技文献。这一阶段大学英语就是专门用途英语阅读课程。"文化大革命"结束后，随着改革开放的到来，我国对英语教学的大纲进行了积极调整，大学英语教学开始慢慢转向听、说、读、写、译能力的全面培养上。大学英语教学基本分两个阶段：基础英语教学阶段和专业英语教学阶段。专业英语教学主要是由学科老师来承担，某种意义上专业英语课程就是专业相关材料阅读课。大学英语教学的主要任务是通用英语，因为专业英语在大部分高校都不属于大学英语教学组的课程任务，而归为各专业学科组。近年来，随着我国外语教学领域

与国际接轨的深入，国外语言学的各种流派和各种语言教育的理论、方法不断进入我国英语教学研究者的视野。在应用语言学理论的影响下，ESP这一语言教学方法，在我国大学英语教学改革的过程中越来越受到关注。我国各大高校，也开始开设越来越多的不同类别的ESP课程。

结合我国部分高校开设英语课程的现状，可以看出虽然许多大学的大学英语教学部系针对非英语专业本科生开设了一些专门用途英语课程，但是大都是学术英语。许多大学各专业部系也开设了自己专门用途英语类课程，主要是专业英语课和双语课程。专业英语课程的开设主要集中在自然科学类学科，经济管理类和法律等专业性较强的学科也有开设专业英语课程，这些专业英语课程的教师大部分都由学科专业教师承担，但名称各异。总体上各大高校开设的专业英语课程均以专业选修课的形式出现，以考查的方式进行测评。而高校开设的专业英语课程中并非每个专业都有，有时甚至在同一个系中某一个专业有专业英语课程，而另一个专业就没有专业英语课程。

除专业英语外，各大高校几乎都在推动全英和双语课程建设，鼓励各专业开设全英和双语课程。就目前的情况来看，全英和双语课程比专业英语课程更受重视。教育部2009年起大力推行高校双语课程和2009年起推行高校国际化课程。这两种课程都是由学科教师用英语开设的专业课程，不同之处在于后者是全英语性质的。双语课程或全英课程都是以专业知识为载体、英文授课课程，也属于专门用途英语的范围。这些课程均是由专业学科教师授课，大多以必修课的形式出现。

第二节 大学英语教学运用专门用途英语（ESP）理论的可行性

英语教学的最终目标是使学生实现从学习语言到使用语言的转换，培养学生在特定职业范围内运用这门语言的能力。英语课程不仅应打好语言基础，更要注重培养实际使用语言的技能，特别是使用英语处理日常和涉外业务活动的能力。因此，大学英语的教学必须考虑学生的英语学习需求和用人单位的人才需求，满足不同专业对它的不同要求，为学生提供真正实用的服务。ESP教学使语言学习服务于专业学习，帮助学生在实际工作中以最快速度直接了解各专业领域的最新发展动态，使学习与实践相互促进。引入ESP教学，与相关专业英语教学有机结合起来，这样才能培养出既精通专业，又有较强的外语能力的复合型人才。ESP教学是社会语言学给语言教育制定的高标准，也是社会实践的基本要求，运用专门用途英语理论指导大学英语教学是可行的。

一、专门用途英语的教学原则符合大学英语教学要求

专门用途英语主要有以学生为中心、真实性、需求分析三大基本教学原则,专门用途英语的这三大教学原则也符合大学英语教学的要求。

1."以学生为中心"的原则

ESP具有鲜明的目标性,其学习者多为成年人,且学习时间限,教学大纲和教材都是建立在学生将来的工作需求基础上的,这些都决定了它的教学过程必须"以学生为中心"。ESP教学以培养学生的交际能力为目标。教学目标的确定、内容的选择和教学方法的采用,首先要考虑学生学英语的目的和原因,以他们用英语进行交际的需要和学习需要来决定。Hutchinson、Waters认为虽然强调语言运用可以帮助我们陈述教学目的,但在ESP教学中我们关注的并不是语言的运用,而是语言学习。真正有效和可行的ESP教学途径必须建立在充分了解语言学习过程的基础上。这里的"语言学习"指的是能使学生理解和说出规范语言的学习策略和教学方法。强调"语言学",实际上就是强调开展以学生为中心的各种教学活动。这一点与大学英语教学要求相符合。大学英语教学要改变传统的以教师为中心的方式,在教学大纲和课堂教学等方面都强调以学生为中心,设计多种形式的课堂教学活动,根据不同的课程需求、不同学生的语言水平采用灵活多样的课堂学习任务,让学生"learning by doing",提高学生的自主学习能力和参与能力,充分调动学生的学习积极性,发挥学生的主观能动性,注重培养学生的语言实践能力及跨文化交际能力。做到让学生学一点、会一点、用一点,提高大学英语教学的效率。

2."真实性"原则

真实的学习任务是体现ESP教学真实性原则的重要组成部分,真实性是ESP教学的灵魂。教材内容主要来自专业相关的真实语料,练习设计和课内外教学活动都应体现专用英语的社会文化情景。"真实的语篇"加上"真实的学习任务"才能体现ESP教学的特色。真实的材料包括科技杂志的文章、实验报告和产品使用说明等不同体裁的语料。真实性体现在阅读技能的训练、听说写等语言技能的训练以及学习策略和交际策略的培养上。大学英语教学也要求尽量使用和专业相关的真实材料,使学生的学习更有针对性和目的性,以使学生毕业后能尽快适应岗位工作,使大学教学更加具有实用性。高校学生对目标定位的真实任务和真实材料都格外有兴趣,关注度也极大地提高。

3."需求分析"原则

需求分析是制定ESP教学大纲、编写ESP教材的基础。在ESP教学领域,需求分析包含两方面的内容:一是分析学习者的目标需求,即分析学习者将来必然遇到的交际情景,

包括社会文化环境、工作环境以及特定环境可能给学习者在未来工作中带来的特定心理状态等。二是分析学习者的学习需求，包括学习者缺乏哪些方面的技能和知识，哪些技能和知识应该先学，哪些应该后学，哪些是学习者喜欢的学习方法等。John swales 认为：学习需求分析还应包括对教学环境的考察，因为校园或课堂文化氛围、教师队伍状况、教学后勤工作等方面的因素也会直接影响教学需要。高校学生英语水平差距较大，应用能力更是参差不齐，所以大学英教学强调以"实用为主、够用为度"，从学生的实际需要出发进行教学。根据不同学生的基础，设计、调整好教学层次，突出职业岗位的重点能力，有所侧重，并使学生的听、说、读、写、译各项语言技能协调发展。大学英语教学课时安排非常有限，应结合学生的专业需求，教给学生最迫切需要的、必不可少的语言知识和技能，以最大限度地提高学生在校的学习效率。ESP 以需求分析作为教学的出发点和中心，分析和满足不同学习者的不同需要。通过"用中学，学中用，学用结合"，为高校学生高效地获取职业或专业所要求的语言交流形式提供一种可行的方法，适合高校学生的客观实际。

从以上内容可以看出，ESP 教学体现了语言教学和学习是为行业发展、岗位技能提供服务的，这些都大大提高了学生的学习热情。ESP 的教学原则与大学英语教学所提倡的尊重学生的学习个性和特点、一切以学生的真实需求为本的理念不谋而合，运用专门用途英语理论指导大学英语教学是可行的。

二、专门用途英语的教学理念与未来大学英语培养目标一致

ESP 强调从专业的需求出发，探求一种英语专业相结合的方式。它以实用为导向，与职业紧密结合，注重学生语用能力的培养。这与现阶段我国大学英语教学强调的培养与职业能力相匹配的英语使用能力这一目标一致。ESP 注重培养学生的交际能力，提高学生使用英语在目标岗位范围内活动的能力，培养能够在特定专业领域或行业领域范围内运用专业语言交际的专门人才。现阶段我国大学英语的培养目标也是要培养学生在特定职业范围内运用这门语言的能力。ESP 目标的设置把目标情景分析或需求分析作为教学的出发点和中心，提出与职业或学术领域相适应的英语应用能力，然后整合词汇、语法、教法等教学因素，形成一个针对性特别强、以实用能力训练为中心的教学路径。现阶段大学英语教学以岗位所需英语为基本目标，培养学生在其将来的工作岗位上能够借助英语完成工作任务。由此可见，ESP 为我们提供了实现大学英语教学目标的可借鉴的观念和工具。

三、高校学生具备接受专门用途英语教育的基础

ESP 学习者均为成年人,包括从事各种专业的高级人才、在岗或者正在接受培训的各类人员、在校大学生、中专生或职业中学的在校学生等。他们把英语作为一种手段或工具来学习,以便进一步进行专业学习,或者是把英语作为手段或工具来学习以便有效地完成各项工作。高校学生通过高中阶段的学习已具备了一定的英语语言基础,掌握了一定的语言共核部分,即不论学习对象将来从事何种工作,都必须掌握的语言知识。学生的词汇量、语法知识、文化背景知识和交际技能已经能够帮助其完成一般的交际任务,学生已经具备一定的接受 ESP 训练的能力。在此基础上开展 ESP 教学,传授高于其现有的知识,使他们在某专业或职业上实现英语知识和技能专门化,让学生转入学习营销英语、金融英语、机电英语、物流英语等这些他们毕业后最可能从事的专业英语,有利于激发学生的学习兴趣。ESP 教学是通用英语教学的扩展和延续,是从基础英语能力的培养向英语应用技能培养的过渡。高校学生通过对专业英语的学习掌握一定的专业词汇和会话,能阅读与专业相关产品的使用说明、操作指南,熟悉行业英语实用写作规范等,实际上是对其专业能力的加强和补充,对学生终身学习和可持续性发展进行铺垫。

四、高校教师具备专门用途英语教师的潜质

从当前的通用英语教学过渡到标准的 ESP 教学还需要一个过程。专门用途英语教学需要培养的 ESP 教师队伍既要有较高的英语水平,又要有一定的专业知识,是英语教师和专业教师的完美结合。高校教师具备专门用途英语教师的潜质,可以通过对已有的教师资源进行培训,来培养符合 ESP 教学要求的具有综合语言能力的教师。对具备良好的英语基础的英语教师进行专业培训,鼓励年轻的外语教师攻读其他专业的硕士学位,或对英语水平达到一定标准的其他专业的教师进行英语培训,不断壮大双师型教师队伍,使他们成为支撑 ESP 教学的第一代教师。同时,高校英语教师和专业教师加强业务合作,进行跨学科合作教学,弥补彼此的不足,不断提高教师队伍的素质,逐步建立起一支专业知识和英语知识都过硬的 ESP 教师队伍。目前,高校与企业学研结合不断加强,高校英语教师的操作技能和动手能力在这个过程中不断提高,对于学科专业知识、发展趋势和企业岗位实践的深入了解,而加上扎实的语言基础知识,为 ESP 教学打下基础。

高校英语教学应考虑学生的学习需求,将学习基础语言与学习专业语言结合起来,教学重心需要从 EGP 教学向 ESP 教学方向转移。运用 ESP 理论指导高校英语教学是一次大的革新,也是高校英语教学改革的现实需要。

第三节 专门用途英语（ESP）理论对高校英语教学的启示

专门用途英语（ESP）是一个完整的教学体系，它将语言知识与专业知识融合起来。同时它还是一种英语教学的途径，把英语的运用与专业有机地结合起来，充分体现英语的工具目的，符合高校教育的培养目标与客观实际。把 ESP 引入高校英语教学中，使高校英语教育事业建立在科学的理论基础之上，对目前的英语教学是一次重大改革。专门用途英语理论对高校英语教学有以下启示。

一、转变高校英语教学观念

高校英语教学要转变教学观念，明确"英语是解决问题的工具"这一理念，使教学更加实效化和多样化。可以借鉴和引进国内外行之有效的 ESP 教学理论和方法，将 ESP 与我国高校英语教学相融合。围绕培养目标，按照循序渐进的教学规律和高校英语"实用为主，够用为度，应用为目的"的教学原则，将整个教学活动从以往的单"公共基础课"，逐步划分为基础英语、实用英语和专业英语三个阶段进行。在教学中要将学习者看成是目标情境中的语言用户，而不是课堂上单纯的语言学习者。高校英语教学内容与教学活动要与学生未来的目标岗位群相关，为职业服务，让学生体会到英语学习不再是语言知识的积累，而是为今后从事专业领域工作服务，成为解决问题的工具，从而激发学生的学习兴趣和学习动力。

二、高校师资建设要引起政府和高校的重视

高校教师队伍应具备跨学科的知识，对高校教学目标有全面、深刻的认识，从而为高校英语教学改革的顺利进行提供有力保障。合格 ESP 教师的培养和培训至关重要，然而我国 ESP 教师教育专业目前存在很大空白，缺乏教师重新进行培训的成熟体系。要想使 ESP 教学获得可持续性发展，政府和主管部门应该把 ESP 当作一个新的行业重点投入，根据市场的需求对师资培训结构进行整合，尽快建立相关体系或模式来培养 ESP 教师。学生的培养和能力建设需要外语和专业学科的共同参与，因此，各高校和研究机构也必须注重加强外语和各学科间的学习与合作。只有先使教师成为复合型的创新人才，才能培养出创新型的学生。

三、形成独立的高校英语教学评估标准

目前，我国高校英语教学没有自己独立的评价标准及评价模式，社会对学生英语水平的评估主要以国家针对普通高校学生通用英语水平测试的四、六级考试为标准，这样会导致学生对以专门用途英语学习为目的的 ESP 课程不感兴趣。ESP 教学的最终的目的是要使学生在英语语言方面的能力得到社会的认可，因此要确保 ESP 在高校英语教学中的应用，科学的 ESP 教学评估体系的确立要和 ESP 教学同时进行。加强对 ESP 的宣传，特别是加深社会、政府、企业对 ESP 的了解，增加认同感，逐步扩大 ESP 在社会上的影响力，在高校英语教学体系中建立 ESP 主导的职业类别的英语水平考试，以取代目前纯属形式主义的职称外语考试。让 ESP 教学在社会上有相当的影响，形成社会对高校英语教学独立的评价标准。

ESP 教学是市场需求与高校英语教学的结合点和切入点，高校英语教学要以学生为中心，提高学生的英语应用能力，使学生从为文凭而学习转变成为提高就业能力而学习。努力把英语学习、信息技术和专业知识三位一体地结合起来，并进行互动式的职业训练，有效地培养高校学生的英语应用能力，从而增强学生的就业竞争力。基于专门用途英语理论的高校英语教学改革是一个浩大的工程，需要各方面的大力扶持、合理规划和制度上的保证，以及政府部门、高校院校和高校英语教师的共同努力。

第四节 基于专门用途英语（ESP）理论的大学英语教学模式改革实践

当前的社会经济发展在不断推动着高校办学模式的发展，高校英语教学也必须紧跟时代发展的步伐，不断发现和解决英语教学中存在的种种问题，并在实际英语教学活动中逐步加以解决，以求达到高校英语教学的最优化。高校英语教学要为企业和定位服务，培养学生在今后职业岗位的涉外场合使用英语进行基本的语言交际或实际操作，能够通过外语技能更好地发挥专业技能，真正体现学有所用、学以致用的宗旨。专门用途英语教学方法实际上就是一个专业与英语结合的方法体系，可以用它来指导我国新的校英语教学体系的构建，改进高校英教学。根据学生的专业方向、职业类别以及岗位中英语的使用情况，在英语听、说、读、写、译诸项能力中，有针对性地进行侧重培养。从实用出发，摒弃复杂的语言理论知识，结合专业培养学生的外语交际能力。根据培养目标和业务范围，使知识、能力和素质协调发展，实现共同提高。我们谈及的基于专门用途英语理论的高校英语教学改革，主要是针对前文提到的高校英语教学在的问题，就如何进行解决或改善进行论述，内容主要分为高校英语教学目标、英语教材、课堂教学、实训、考核方式、师资提高等几大方面。在高校英语教学中，主要进行以下改革：

一、以"需求分析"为基础确定高校英语教学目标

根据 ESP 的以学习为中心的需求分析理论,高校英语课程的开设和教学实施,首先必须对目标需求和学习需求进行分析,确定高校英语教学目标、内容重点,为学生在目标情境中进行职业交流做准备。目标情境需求的分析本质上就是针对目标情境问题,挖掘出学习过程中不同学习者对目标情境的态度。主要从以下几个方面入手:

第一,目标情境中必需的知识与技能。它是学生将来用英语进行活动的目标情境的客观需求,也就是说学生要想成功地在目标情境中运用语言所必须获得的知识和技能。以商务英语专业为例,要能有效地在商务领域工作,要求学生掌握英语语言基础知识和运用英语进行商务洽谈、书写商务函电与合同等相关的词汇以及在这种情境中常用的语体、语篇结构等,只有电子制单、互联网上交易的能力,能进行国际商务谈判,从事涉外商务管理与服务、对外贸易、市场营销等。

第二,学习者在目标情境中用语言工作存在的差距。指学习者当前的语言知识和技能与目标情境中所需的语言知识与技能相比,学习者还缺乏哪些知识与技能,这些缺乏的知识就是学生要学习的主要内容。根据学生的原有水平和课程对学生的要求来设计课程,有利于把握学习材料的难易程度,开发出适合学生的教材。

第三,学习者自身的需要。学习者对自身需求的看法也不容忽视,学习者的学习目的、学习经历、对英语的态度和文化信息等主观因素是课程设计中一个重要的部分。学习者自身的学习需要有时会与目标情境的需要有冲突,也有可能目标情境的需要并不足以满足学生的需要。在设计课程中始终要以学生为中心,重视学习者自身的需要,提高学习者的动机。

高校英语的教学必须考虑学生的需要,摸清学生的语言基础和知识水平,熟悉学生的兴趣、爱好和愿望。同时还要了解市场需要,学习者将来在目标岗位必然遇到的交际情景、岗位环境和应具备的知识与技能。高校英语的教学目标要定位为:贯彻实用为主、够用为度的原则。重视学生基础薄弱的现状,教学中贯穿必要的语言基础知识,将培养目标具体化。以岗位所需英语为基本目标,培养学生在涉外相关工作中的英语听、说、读、写、译综合技能,借助英语培养其目标定位工作的能力。

二、针对学生专业选择编写高校英语教材

教材与教育思想、教学原则、教学方法、学习理论和实践有着直接的关联,是各种教学理论、方法和手段的体现。它也是教与学的重要资源和依托,决定了教与学的基本方法,是教学的关键。随着现代科技的飞速发展,学生对学习材料的需求呈现多样性,

职业教育教材的形式也变得丰富多彩起来。为了满足学生的多元需求，进一步激发学生的学习热情，职业教育的教材应当根据岗位对学生英语能力水平提出的要求，强化听力和语教学训练，增强其作为交流工具的实用性。同时，应协调好基础英语教材和专业英语教材之间在内容上的对应关系，强调英语"听、说、读、写、译"五大技能和专业英语能力的培养，增强英语的实用性，还可以根据实际情况自主开发教材。

英语与专业相结合是指把英语语言知识，如词汇、语法、听说训练和学生所学的专业结合起来，运用英语这一语言工具来为专业服务。高校英语教材应该以实用为原则，把真正反映岗位需求的英语知识传授给学生，为学生进入工作岗位做准备。

第一，按学生专业选择英语教材。教材作为学习输入的主要信息源，对ESP教学的成功与否起着决定性的作用。以"需求分析"为基础来选择教材可以减少ESP教材选用中存在的随意性和盲目性。对符合需求的教材，我们还应进步分析其"真实性"的含量，确定其是否在目标方面迎合真实的交际需求，在选材方面具有真实的交际内容，在练习方面提供真实的交际环境和真实的交际任务。根据需求分析理论和真实性的原则，高校英语必须服从各个专业不同的教学培养目标和教学要求，围绕高校生在未来实际工作中面临的英语涉外业务和活动进行教学，教材应当结合学生专业进行选择，考虑不同专业的特色和岗位的特点，侧重从各自的职业岗位中选取教学内容。例如，旅游专业毕业生将会经常用到的日常交际用语、景区介绍等，模具、电气专业常见的产品说明书、技术指导、维修指南等，使学生就业时拥有该岗位所需的英语能力。杜威提倡："把学习的对象和课题与推动一个有目的的活动联系起来，乃是教育上真正的兴趣理论的最重要定论。"根据专业选择高校英语教材，能避免教学资源的浪费，提高教学效率，保障坚持"实用为主"的教学原则的实施。同时，按专业选择教材充分体现了高校公共英语教学对个性的重视和关怀，让学生感到英语学习与岗位就业的相关性，激发学生学习英语的兴趣。

第二，依据职业岗位能力的要求，设立课程模块选择教材。高校生英语应用能力是专业导向要求的重点。高校英语教师要认识到高校人才培养上的职业性，根据社会对所教专业学生的英语运用能力的实际需求，有选择地使用英语教材，强化学生的英语职业技能。例如，文秘专业的学生在将来的职业定位中，主要是与客户在电话、网络、商务会谈中用口音进行直接交流，因此，要侧重英语听、说能力的训练；而模具专业的学生，更多的是接触有关产品说明书、技术指导、维修指南等书面文字，因此要求着重培养学生业务资料阅读和翻译能力。

课程内容的更新整合与新课程的开发，需要紧密结合社会经济技术的发展，必须对应不同教育对象的教学目标进行。课程结构就是课程的组织与流程，反映教学的框架与进出。例如，旅游英语教学工作，根据培养目标与基本要求设置课程，力求从旅游英语方面来提高学生的英语水平,并根据旅游专业实践性强的特点,将旅游英语课程设计为两个模块:基础英语模块和旅游英语模块。基础英语模块以必需和够用为度,突出内容的针对性和应用性,注重探索以能力为基础构成的知识体系。国内外旅游英语教材都存在一定的局限性,在教材选择上采取以权威教材为主、有特色的教材为辅,同时充分利用专业网站资源的方法。CCTV9 播出的" Travelogue"" Around china"" Chinese Civilization",网络上很多视听材料如普特英语学习网等都是很好的教学资料,同时,在授课过程中插入中国传统文化的介绍。旅游本身就是最重要的跨文化交流活动,应该充分重视通过多种教学手段,锻炼学生用英语向国外游客介绍中国古老的历史文化和美丽的自然风光。拓宽学生的知识面,培养学生的应用能力、实践能力和创新能力,突出人才培养的实用性、即时性和时代性,适应日益与国际接轨的中国经济发展的要求。

第三,师生、企业共同参与编写教材。为了突出高校教育人才培养的针对性和实用性的特点,高校英语教师可以根据专业课程的特点,用社会调查和职业岗位分析的形式,获取专业岗位所需要的英语知识结构和应用能力要求,有针对性地编写具有本校特色的英语教材和配套辅助教材,自编校本教材应力求适合学生的英语水平和真实需求。在征询专业课老师、资深行业从业人员和已毕业学生意见的基础上,综合考虑职场需要,确定有关专业英语的内容、深度、范围等,剔除高深的理论教学,包含专业目标岗位群中常用的英语知识,增加贴近生活实际的或最新实用的辅助教材,把教学内容延伸到课外。

首先,教师根据专业课程的特点编写教材。教师要阅读一些普及性的专业书籍,并借阅学生的专业教材与笔记,对学生的专业学习有个框架性的了解。向专业教师和相关行业从业人员咨询,了解从事相关行业必须掌握的知识。同时,征求他们对学生 ESP 学习的目标、内容等方面的意见。与已毕业的往届学生沟通,了解工作中最实用的英语知识。关注职场信息,用相关人才招聘在外语素质上的要求来指导 ESP 教学内容与方向。专业要紧密结合市场最新走向,需要教师深入实践一线,收集教学素材,编写切合市场实际的实用性讲义。现在高等院校普遍开始实行"教师下企业"制度,无形当中促进了企业和学校交流的进一步融合,也促进了教材的完善和发展。

其次,企业专业人才参与编写教材。在教材编制的过程中最好能与专业领域的人士合作,可以聘请企业专业人才参与编写英语教材,选择与专业相关的题材,包括目标岗位常用的一些说明书、技术合同、技术图纸,还有企业自编的一些专业词汇表等,都可以用来作为教材。根据企业的实际情况、产业结构和产品结构的调整对教学内容进行增补、更新和完善。提出合理的修改意见和建议,确定学生必须掌握的英语技能,去掉与生产实际不相符合的内容,增补紧密联系实际的先进的知识和技术,使教学内容能灵活地适应新理念,以保证学生学到实用的知识和技能,使培养出的学生更合其岗位。

最后，学生参与校本教材的开发与应用。学生参与 ESP 校本教材的开发与应用能充分调动学生的自主性，激发学生的责任心，促使学生全程全力地参与，从而使 ESP 的学习更具针对性和实用性。教师带领学生进行社会需求和职业岗位调研，分析从事岗位（群）工作所必需的专项能力。同时，鼓励学生参与 ESP 校本教材大纲的确定、教学内容的筛选、校本素材的搜集整理与加工、校本教材的应用与考核等。教师、学生群体、学校资源与校外行业资源之间进行全方位的合作。让学生从自己平时在专业课程学与、业余兼职、媒体网络或其他途径搜集有关 ESP 方面的材料，尤其是已毕业学生在工作中应用到的产品及技术方面的英语素材。讨论并汇总本专业学习可能的范围与内容。在综合多方信息的基础上，师生共同讨论、确定教材的内容范围，并依据学生专业学习的顺序划出内容章节来。同时，发挥现代信息技术的强大功能，建立公共网页平台，开设电子公告栏，方便其他专业老师、往届毕业生、行业从业人员参与编写教材。带领学生搜集、整理、编辑 ESP 教材的过程是提高英语教师"专业"业务能力的有效途径。另外，ESP 教材的试用过程，也是不断进行完善的过程。实际教学中，还需给更新、更实用的素材随时补充进来留有空间，以替换某些相对落后的内容，使教材的建设处于动态的完善过程中。

三、校内校外实训相结合，提高学生的英语实践运用能力

语言学的研究表明，人的语言能力如果停留在认知的水平上是很容易遗忘的，因为语言能力必须通过语言行为才能得到不断地强化和保持。学习者要能使用他学过的语言，并拓展到新的语境中，还要作为一名语言使用者，根据他的需要创造出新的话语。这是英语实践运用能力的重要表现，也是高校英语教学的最终目的。高校教育在突出"应用"教学特色的过程中，强调专业教学要进行实践训练，组织学生经常练技能，到现场实施教学，提高学生的动手能力，实现高校毕业生的高就业率。高校英语教学作为职业技能和素质培养课程，在教学改革过程中也应当改变"重理论、轻实践"的倾向，将校内实训教学与校外实训结合起来。

四、建立科学合理的评价与考核体系

改革高校英语教学效果，提高学生在就业中的适应性，不仅体现在考试分数的高低上，更重要的是体现在学生对实际操作技能的掌握和社会对高校毕业生应用能力的认可程度上。因此，高校英语考核方式应该要特别突出学生对英语知识和技能的应用能力，对高校生学习成绩考核要从单一的卷面测试逐步转向英语应用能力的全面评价上来。实现多元化英语就业能力考评办法，打破传统的以笔试定成绩的局面，强调笔头功大和嘴上功

大"齐抓共管",听、说、读、写、译综合考评,使学生更注重语言应用能力的培养,摆脱应试学习模式。英语课程可以借鉴其他课程的考核形式,如设计形式、实训形式、技能考核等多种考核方式,全面考核学生的综合素质,这样可以真实地反映每一名学生掌握技能的能力和学习效果,对提高教学质量起到推动作用。

1. 针对英语基础知识和应用能力进行考核

目前,高校英语学科考核的主要形式是期末闭卷考试。平时成绩包括学生平时出勤情况、课堂表现情况、单词听写、平时作业、学生语言能力的评价等。素质教育评价的内容应包括语言知识、语言技能、学习态度、学习策略和学习习惯等多个面,避免纯知识性的考核。高校英语的考核模式应更为多样,除了期末卷面成绩外,教师更应从平日多角度对学生进行考核。

除了上述提到的基础知识考核外,还应进行应用能力考核。考查学生对英语各项应用能力的学习掌握情况,根据教学进程需要不定期进行专项能力考试。

采用朗读、对话、表演、口译、讨论、竞赛等形式进行考核。可以灵活地穿插在课堂教学过程中进行,随时记分。如听力的测试可以安排在每堂课的前10分钟,教师给学生播放一段事先准备好的短文或者对话,学生完成相应的填空或选择题,利用语言学习系统将成绩统计出来,期末时再计算出每人的学期听力平均成绩,按规定比例纳入考核总分。高校学生最重视的口语考核可以分成两部分:课堂参与和期末口试。课堂参与的形式包括回答问题、参与课堂讨论发表自己的观点、朗诵和背诵教师精心挑选的文章段落等。阅读考核除了课本上的内容外,还可以给学生挑选些题材广泛、知识性和趣味性兼顾的泛读文章。写作考核主要以中时作业的形式进行,教师可以根据课堂教学内容或课外精选的主题让学生进行写作练习,上交批改;还可以鼓励学生资源写作,如上交英语周记、英语海报、通知、便条、个人简历、广告制作等,根据内容和次数酌情给分。建立学生平时考核档案,由教师核实、存档,作为本门课程考核的一部分。此外,学生参加的各种校内外英语听说等技能竞赛,按成绩分档次,记入教学考评,期末时将各项应用能力总结起来,按百分比进行期末总评。

2. 结合专业特色和目标岗位需求进行考核

根据学生专业对英语听、说、读、写、译的能力侧重点不同,适当调整对各项应用能力的考核标准,重点提高该定位群中所需的英语技能。英语教师应该经常结合专业特色和岗位要求进行一些专项训练,如选择一些产品说明书、业务信函、广告、器械操作流程说明、场景模拟角色扮演等,来引起学生的重视,更全面地考核学生的英语综合水平。可以采用与专业教师或从业行家合作的方式,让学生在为 ESP 教学检测而设的试题库中随机抽取一份英文材料,并依其进行模拟操作的模式进行考核,将"学、用、考"三者更紧密地结合起来，充分体现高校 ESP 教学的应用性原则。依据考核结果对学生进行奖惩和对英语教学进行相应调整。

在学生实训过程中，企业和学校对学生英语技能和实际操作中的表现要做出各方面的评价，教师在学期总评时，按一定比例归入学生能力考核成绩。可以根据企业岗位的英语能力要求组织考试，对学生进行考核，突出实用性，强调英语应用能力，帮助学生更好地发现自身的不足，促使学生更加努力地学习，增强在没有外部协助的情况下，通过自主学习或团队合作解决预设岗位中实际作业问题的能力，提高学生的就业竞争力。这种校企共同参与培养英语应用能力实践的考核办法，最能体现专门用途英语理论指导下高校英语教学定向性、适应性的特征。其评价结果是高校生就业、上岗前展示英语应用能力水平最有力的说明。

3.结合英语等级证书和职业英语技能证书进行考核

根据高校校教育培养目标，培养学生的实际运用能力是高校英语教学的重点。因此，教师和学生必须适应市场需求，遵循就业导向，按照"实用、够用"的教学标准，处理好等级考试与英语技能学习之间的关系、丰富英语等级考试的对象等。院校普遍把英语应用能力考试三级或 B 级作为主要考核标准，英语应用能力等级证是缺乏社会工作经验的学生说明自身英语技能的最好证明。但是它只能是英语学习的一种考核方式，教师可以将分数作为课程的终结性成绩计入学分。学生如能在完成该课程前取得英语等级证书，证明其英语能力符合社会要求，可以提前结束课程学习。各个行业的职业英语技能证书具有行业的独特性和适应性，是对高校生职业技能和职业能力的鉴定性考试。学生如果就业时持有一份职业英语技能证书会更有专业性和说服力。因此，高校公共英语教学中，学生根据所学专业取得相应的职业英语技能证书，比如通过剑桥商务英语等级考试（BEC）、金融专业英语证书考试（FECT）等，也可视同该课程合格。同时积极鼓励学生继续提出英语听、说、读、写、译应用方面的技能，让英语学习向高层次的方面发展，并对取得的成绩予以奖励。这样能极大地鼓舞学生学习的动力，有助于培养更高层次的英语技能人才。

五、联合学校与企业加强师资力量的建设

高校教育要紧贴社会的需求，因此，高校教师需要不断地学与以适应社会的迅猛发展。高校应每学年抽出一定的时间，建立个性化、终身化的培养体系，对教师进行英语教学改革、教学内容、教学方式、专业英语等方面的培训，针对各个专业，以满足个性化的培训需求，促进每位教师的专业成长，从根本上提高教师的教学水平和教学质量。只有教师的教学理念、教学方法等发生转变，才能够提高课堂的教学质量。高校英语教师既

要讲授英语的基础知识、关键点、难点，还要学习专业知识，以适应英语课程改革的需要。只有一专多能的教师，才能培养出一专多能的学生，才能保证教学目的的顺利实现和教学质量的不断提高。目前高校真正的"双师型"英语专业教师非常缺乏。学历高、职称高、专业知识丰富的又很少会愿意放弃专业从事教育行业，高校可以采取以下两种办法来加强高校英语师资力量。

1. 大力培养双师型教师

目标，高校英语教师必须首先把自身"工学结合"起来，掌握专业知识，积累专业从业经验，才能使该专业实现工学结合，让学生领略到工学结合的魅力和重要性。这就要求原来的英语教师要深入生产第一线，熟悉某一专业（如国际贸易、旅游、数控、机械等专业）的生产现场和作业流程，最大限度地提高自身的实践技能，以适应高校应用型技术人才培养目标对教师的要求。外语系要充分依靠自己的力量，利用他方的资源，建立适合本系的复合型人才培养要求的师资队伍。就地取材、创造条件对现有的教师进行培训，选拔一批语言基本功扎实、工作认真负责的英语教师，或派出进修学习，或到各个专业跟班听课，鼓励教师考取职业资格证书等，提高专业英语教师的"双师"素质，培养一批具有一定专业知识的英语教师。多层次的培训，对教师提高学历，更新知识，提高专业理论水平、业务能力存着重要作用。如经贸专业的英语教师，他们承担着外经贸英语函电、外经贸应用文写作、外经贸业务洽谈等课程，并利用网络资源，将有关学科的最新信息下载、编辑，制成讲义，丰富课程内容，呈现出教学共相长、师生同进步的态势。

还可以校企联姻，创建实践、实习基地，挂靠企业落实实践环节教学。让教师有机会到企业参观、实践，参与企业的经营管理等。同时，还组织有关教师下厂参观考察，到企业见习、顶岗锻炼。学校应积极鼓励教师去企业挂职锻炼，承担科研项目，参与技术革新与改造，同时积极鼓励教师参加教学改革和教材编写等工作，以多种形式和手段促使教师提高业务和教学水平。教师在带队实习和参与企业的科研攻关等活动中可以及时发现学校教育中的偏差，从而调整课程设置和教学安排以适应用人单位的需要。比如组织教师参观公司或企业，使教师能和企业管理人员交流，相互学习，了解企业实际情况，有利于进行实践教学。

2. 积极引进企业优秀人才

在招聘富有实践经验的专职英语教师的同时，从企业、涉外行业聘用兼职英语教师也是一个改善高校英语教师队伍构成的重要举措。积极引进、聘请专家、学者和具有丰富经验的企业家当兼职教师或到企业中聘请高级商务人员和管理人员担当学校的客座讲师、教授，以解决高校教育教师队伍的紧缺问题。可以聘请知名企业高层管理人员来学院讲课，此外，因为行业竞争的加剧，许多具有良好英语应用才能的企业界人士面临着重新择业的局面，高等院校对于他们来说具有很大的吸引力。高校可以从行业引进英语水平高、有工作经验的人才加入高校英语教师队伍，以改变目前教师的知识结构、学历结构，彻底纠正重理论、轻实践的错误倾向。

第六章　大学英语慕课与翻转课堂教学模式研究

第一节　慕课教学模式

在"互联网+"的时代背景下,慕课模式以关联主义为基础,开展大规模的在线教学方式和学习方式。

一、慕课教学模式概述

(一)慕课教学模式的内涵

慕课,即大型开放式网络课程(massive open online courses,简称MOOC)。它是一种在线课程开放模式,是基于以前那种发布资源、学习管理系统以及将学习管理系统与多种开放网络资源等课程模式而建立起来的。慕课主要是由具有分享与协作精神的个人组织的,他们将课程发布在互联网上,供有兴趣的学习者学习,旨在扩大知识传播。

2012年9月20日,维基百科将MOOC定义为"MOOC是一种以开放访问和大规模参与为目的的在线课程"。MOOC字母所代表的含义如下:

Mrmassive,说明参加这种开放课程的人数众多。

open,说明课程带有开放性,凡是想学习的都可以加入。

onlinee,说明这种课程的学习时间灵活。

courses,说明课程包含的种类众多。

(二)慕课教学模式的特点

大体上说,慕课教学模式的特点包含以下几个方面。

1.互动性强,形式新颖

慕课是通过上传短视频的方式进行教学,并在视频后附有测验等,因此这种教学形式能够促进师生之间的互动,便于交流与沟通,能够使学生真切地感受到自己的学习成长。

2. 名师教育，免费教学

在互联网的作用下，世界名师上传自己的教学视频，从而解决了教育资源分配不均所产生的教育差距，使学生可以接触到更多的教学资源。同时这些资源是免费的，更提高了学习者的兴趣与关注度。

3. 网络平台，资源丰富

慕课的出现解决了教育资源不均衡的问题，在很大程度上能够提高我国英语教学的有效性。我国的英语教学由于地域发展和教育水平的不同，来自不同地域的学习者英语水平也明显不同。来自我国东部省份、城市的英语学习者，由于教育水平良好、经济发展水平高，其英语水平明显比中西部地区学生高。慕课通过网络平台的方式进行教学，打破了地域的限制，使不同地区的学习者都有机会接触优质的课程资源。

在这股教育浪潮的影响下，很多慕课平台被搭建起来，便利了学生的学习。我国于2013年成立了东西部课程共享联盟，并将这年称作"中国慕课元年"。

我国的慕课平台名称为Ewant，由国内五所交通大学联合组建，包括上海交通大学、西安交通大学、西南交通大学、北京交通大学、台湾交通大学。同时上海交通大学加入Coiirsera，成为加入此组织的中国内地第一所高校。我国慕课平台具有以下三个方面的特点。

（1）集约性。"中国大学MOOC"在线学习平台上收集了全国各地的优秀教育资源，在国内著名高校所引领教学团队的用心打造下，形成了目前国内相对成功的一个教学范式。从教师的角度来看，慕课教学团队在设计教学的过程、布置课后作业、评定学生成绩等方面都会给予教师很大的启发，促进他们不断提高自己使用信息技术的能力，从而改进教学，找到最适合学生发展的教学模式。另外，全国各地的教师还可以利用在线教学平台来共享优良的教学资源。从学生的角度看，不管是国内重点大学的学生还是普通院校的学生，都可以通过慕课学习平台获取最优秀的学习资源。

（2）广谱性。科学技术的发展将人类社会带入互联网时代，同时伴随着数字革命的兴起，促使着世界各个国家的教育进入"在线"状态。基于互联网的慕课教学模式下，学生的学习不受时间、地点、人员等因素的限制，一些著名教师线上所开设的慕课有时甚至可以吸引几万人同时观看和学习。在我国当前的大学英语教学中，学生人数非常庞大，而慕课教学模式本身所具有的广谱性就很好地解决了这一问题。

慕课作为一种新型的教学形式是对全世界所有人开放的，不管学生身在何处，只要有互联网的地方都可以随时加入学习。可见，慕课自身所具有的自主性也十分符合高校英语课程教学的要求。学生在慕课教学模式下可以自由选择学习的时间、方法、步骤等，自主完成慕课课程的在线学习。

（3）交互性。与以往的视频公开课或者远程教学方式不同，慕课具有交互性的特征。以往的远程教学或视频公开课中教师与学生之间无法产生互动，是单向的。慕课教学是一种在线课堂，虽然是虚拟的，然而教师与学生却可以实现彼此互动。另外，慕课教学过程中所设计的进阶作业更为学生的学习带来了很大的动力，因为学生只有完成一定的进阶任务，才能继续观看教师的在线讲授。这一设计形式不仅为学生安排了具体的学习任务，同时教师也可以在教学过程中得到及时的反馈。

（三）慕课教学模式的划分

国外著名学者丽萨·慕·莱恩在自身实践经验的基础上将慕课教学模式分为三种，且这三种慕课教学模式各有其侧重点。

1. 基于内容的慕课教学模式

基于内容的慕课课程开发模式主要强调学生对学习内容的掌握，往往会通过形成性评价与总结性评价等形式对学生的学习结果展开评价。当然，这一课程开发模式同样也看重学习社区的建构与学生的参与，与课堂教学过程的网络化更加相似。该模式建立在名校教师录制的讲课视频以及文本内容的基础上，同时还伴有网络化测试平台。学生可以免费注册与学习，在获得证书后会收取一定的费用。这类慕课课程开发模式吸引了大量的投资，受到多数人的关注。

2. 基于网络的慕课教学模式

该教学模式是建立在网络基础上的，强调给予学生充分的学习自主性。以网络为主的慕课课程中，学生可以自由决定是否参与和如何参与，还可以自主决定利用何种技术来建立自己的学习空间与分享学习内容。该模式鼓励来自世界各地的学习者利用自己所知道的软件来建立联系、分享学习内容、贡献学习成果、合作探究学习或者拓展自己的个人网络以及专业网络。该课程模式相对比较复杂，允许学生建立自己的学习空间。

社会交互性是基于网络的慕课课程开发模式最为关注的重点。在该模式下，课程一般以周为学习单位，学生可以在每周内基于特定的主体进行学习，通过大量的互动与参与活动来获取知识，其中所有的学习过程都是开发式的。由于这种慕课模式没有明确的学习结果，因而在学习结束之后也不会有十分正式的评价形式。

3. 基于任务的慕课教学模式

以完成任务为主的慕课课程模式，主要强调学生通过完成任务来获取知识和技能，学习是分步进行的，学生可以采取多种多样的学习方式进行学习，不受任何约束。学生可以通过自己阅读文本材料或者录制视频材料等来共享学习成果，通过视频、音频、作品设计等手段来展示自己某一方面的技能。这种以任务完成为主的慕课课程开发十分强调学习社区在学生学习过程中所起的重要作用,因为社区是展示学生学习案例与学习设计的地方,主要用来传递学习内容,对学生的学习结果不太重视,即不对学习者进行评价。

通过上述分析不难发现,以上三种慕课课程开发模式存在以下一些共同特征。

(1)课程设计、组织、应用以及评价都是建立在网络环境的基础之上的。

(2)课程设计面向大多数学习者,具有大规模性,并且学习目标具有多样性。

(3)课程内容在设计上都包括视频、课程资源、学习社区、师生互动以及学习评价等部分。

(4)在交互学习过程中,课程的内容具有开放性以及持续创新性。

(5)视频时长通常都保持在8～15分钟之间。

(6)学生在课程选择方面具有较大的自主性。

(四)慕课教学模式的优势

慕课教学模式在我国的兴起必然引发重大教学理念的革新、教学方式的变革,其对于英语教学的影响更为深远。下面结合英语教学的现状对慕课教学模式的优势进行总结。

1. 形成语言使用环境

众所周知,英语是我国的第二外语,因此语言使用环境匮乏,学生在英语课堂上所学到的英语知识不能在现实生活中进行应用,这在很大程度上降低了学生英语学习的成就感,对其日后语言能力的发展也十分不利。慕课的出现能够为学生提供良好的英语学习环境,学生可以接触到全英文的语言知识,同时还能和来自世界不同国家的学习者进行讨论,便于其口语能力的提高。

2. 扩大学生知识储备

在我国,大学英语教学主要是通过课堂教学的形式展开,面对繁重的课业压力与紧张的教学时间,课堂教学所能带给学生的英语知识实在有限。而慕课教学以网络为平台,向学生提供了更为丰富的知识储备,方便学生及时更新自身知识。慕课的在线课程还包含在线论坛与小组讨论,极大地提高了学生的学习兴趣与效率。

3. 提供能力培养平台

我国的大学英语教学虽然进行了一定的革新,但是从总体上看还是以基本知识教学为主。这种教学形式阻碍了学生将英语教学与专业相结合,无法达到能力培养的目标。在这种教学背景下,很多学生没有意识到英语的重要性,不重视英语的学习,缺乏学习热情。而慕课的出现能够为学生提供最新的专业动向与发展评估,有利于激发学生对英语学习的兴趣,促进其专业能力的发展,对于解决英语教学与专业教学相脱节的问题十分有效。

4. 平衡不同学生水平

由于我国幅员辽阔，因此各地的教学水平不同，学生的学习基础也高低不一。在统一的大学英语课堂上，教学者无法进行一对一的针对性教学，只能从宏观上使英语教学向着高一层的层面发展。在这种教育现实下，很多英语学习者跟不上教学进度，或者无法满足教学水平。慕课通过开放性的网络平台，能够提供给学生针对性的教学，便于缓解教与学之间的矛盾。在线教育的形式不受时空限制，既有利于基础差的学生巩固练习，同时也有利于基础好的学生的能力发展。

（五）慕课教学模式的管理

慕课教学模式具有较大的自由性，这就对教育体制提出了一定的要求。大体上说，为了在知识自由流动的前提下保证知识吸收的有效性，相关教育工作者可通过以下几种途径进行慕课教学模式的管理。

1. 使用第三方评价机构

第三方评价机构指的是以第三方的形式对学习者的学历教育和非学历教育进行评价的组织。这些组织通过对学习者的慕课学习进行评估，能够对其学习能力进行综合评定，从而减少传统教学评估的单一性。

2. 建立学分管理系统

慕课教学模式下的学分可以通过更加多样的形式进行，改变传统教学中硬性的学分评价形式。例如，教师可以通过学习者的学习过程、学习成就等情况，对学生进行客观公正的评价。

二、慕课教学模式的应用

慕课作为新兴的英语教学模式，可以通过已下几个步骤进行科学的应用。

（一）课程设置多样化

对于目前的大学英语教学而言，慕课教学有助于改变传统教学课程设置单一的情况。

（1）从课程设置上来说，虽然各大高等院校都会有英语选修课，但是这些选修课大多都是为了四、六级考试准备的。

（2）从教材上来说，大多数高等院校所采用的教材主要有上海外语教育出版社出版的《大学英语》及《新世纪大学英语》、外语教学研究出版社出版的《新视野大学英语》等，并没有采用适合学生的专门教材。

（3）从师资上来说，传统的大学英语教学教师资源有限，所讲授的课程大多没有明确的针对性。

将幕课教学模式应用到大学英语选修课程中也是时代发展的题中之义。随着时代的发展,大学英语选修课程的指导思想向着分类指导、因材施教的方向发展。而网络时代的发展能够为大学英语选修课程提供不同层面和环节的支持。通过网络教学者可以了解学生选修课程的偏好,利用大数据技术便可以做出学生的偏好分析,获得学生的需求数据,从而调整相应课程内容满足学生的需要。基于此,在信息化时代下采用慕课教学模式可以大大吸引学生的注意力,根据学生的需要和兴趣来选择课程,从而提高自身英语学习的效率。

(二)上课方式多样化

虽然大学英语教学的改革在不断推进,上课形式也不再像以前那样的单一,但是仍旧主要以教师的教授为主,只是利用多媒体形式而已,即多媒体就是黑板的延伸。但是在信息技术普及的时代下,应用慕课教学要求上课方式要多元化,可以是围坐在电脑前,也可以是每人手拿平板电脑等。

(三)传统课堂与慕课相结合

之前已经提到,慕课对大学英语教学有着很大影响,其中有两点需要引起注意。

(1)对于当前的大学生而言,他们自学的水平存在明显的差异,因此要想让学生适应这种教学模式也需要一段很长的时间。如果将所有的学生都放在网上进行学习,那么自制力差的学生就很容易放弃英语学习,这也是我们不愿意看到的结果。

(2)由于需要对教师进行培训,以及准备与之配套的硬件设施,因此慕课教学还有很长一段路要走。

总之,当前是一个新旧交替的阶段,因此需要教师扮演至关重要的角色,应从以下几个方面来提升教学效果。

(1)教师要了解学生的自主学习能力,不断培养学生的心理素质,使他们尽快适应信息技术时代下的慕课教学模式。

(2)教师应该充分了解学生的英语基础,保证慕课教学能够被大多数学生接受和理解。

(3)教师应该积极探索能够吸引学生兴趣的慕课课件。

第二节 翻转课堂教学模式

与传统教学模式相比,翻转课堂教学模式是一种扭转与颠覆,具有非常明显的优势。将翻转课堂教学模式应用于大学英语教学过程中,对提高教学效果大有裨益。

一、翻转课堂教学模式概述

(一)翻转课堂教学模式的由来

翻转课堂(flipped classroom)又称"颠倒课堂",它的教学过程包括知识传授和知识内化两个阶段。在传统教学模式中,知识的习得主要有三个步骤:讲授—内化—外化。教师通过课堂来传授知识,学生在课后完成作业与实践来实现知识内化。翻转课堂与上述传统教学模式完全不同,教师根据自己的教学计划布置课前预习的内容,学生可以通过"云课程"以及其他媒介在课前主动进行学习,教师对学生学习过程中的困难进行启发、排解,师生之间实现平等交流,学生在课后进一步通过实践来深化知识。简言之,由先教后学到先学后教,实现课堂的翻转。

所谓翻转课堂,是指学生在课前利用教师给出的音频、视频、电子教材或共享开放网络资源地址等数字化学习材料,自主学习课程内容,然后在课堂上参与由教师组织的同学间的讨论探究等互动活动,并完成课程学习任务的一种教学模式。

翻转课堂最初是由美国人萨尔曼·可汗(Sal-man Khan)于2007年提出的,他利用网络视频进行"翻转课堂"授课取得了巨大成功。加拿大《环球邮报》将"翻转课堂"教学模式评为"2011年影响课堂教学的重大技术变革"。萨尔曼·可汗堪称翻转课堂的开山鼻祖。

近年来,翻转课堂同样在国内引起了巨大反响。作为一种基于信息技术的新型教学模式,翻转课堂颠覆了传统教学流程,大力引导学生展开自主学习。作为一种新颖的成功授课模式,翻转课堂为我国英语教学改革提供了有益的借鉴。然而,翻转课堂并不是在线课程,也不是利用视频来代替教师,它只是一种师生之间互动学习的方式,为学生进行自主学习提供了充分的时间与空间,学生在教师总体学习进程的控制下获得个性化发展。

(二)翻转课堂教学模式的要素

相关学者经过研究后提出,翻转课堂模式的构成要素包括三个方面:课前教学内容的有效传达、课中内化活动的有效进行、课后学习效果的客观评价。

1. 教学内容的课前传达

在翻转课堂中，课前教学内容的有效传达是教学的基础。当前，我国翻转课堂在传达教学内容时采用的是视频以及纸质学习材料两种。教学视频被认为是目前翻转课堂课前教学的基本方式。对于教学视频的来源，教师可尝试通过以下途径获得。

对于翻转课堂中所使用的视频，教师可使用录屏录音软件、电脑、手写板、麦克风等设备进行制作，并遵循以下步骤。

第一步：教师可使用录屏软件来捕捉电脑屏幕上幻灯片演示和电脑操作轨迹。

第二步：利用麦克风来录制讲述的音效。

第三步：利用手写板实现平常书本上的书写效果。

第四步：利用音频编辑软件加工录制的声音。

除此之外，教师还需要关注视频的画面质量。

需要特别说明的是，教师制作的视频应短小精悍。当前高校学生的生活是快节奏的，视频只有短、快才会受到他们的欢迎。如果视频太长或内容太过复杂，往往会引起学生的反感。

2. 使用现成的教学视频

使用现成的教学视频是教师的最佳选择，主要基于以下两个方面的考虑。

第一，教师在面对视频录制仪器时可能会产生紧张心理，这会严重影响教学的进程与效果。因为视频录制通常是教师面对机器自言自语，这与传统授课形式带来的心理感受完全不同。

第二，教师的教学任务十分繁重，没有时间、精力来制作视频。

因此，如果可以在网上找到该门课程的高质量教学视频，那么教师就可以省去很多的精力。当前，网络上关于教学的视频是多种多样的，教师可以自己下载或安排学生进行搜索下载并在教学中使用。

3. 教学活动的课堂组织

教师在翻转课堂的组织过程中要注意以下方面：

对于英语教学，英语导读类课程比较适合翻转课堂，这类课程可以通过计算机网络中心展开。学生在课下学习教师安排的知识内容，课上教师对重难点进行解释，随后可通过计算机网络中心实现在线测试。学生在完成测试后可以及时获取网络学习资源与背景知识，同时与自己的测试结果进行对比，从而巩固所学知识点。

英语课程包括语言、文化两方面因素，教师在安排学生学习时要按照从初级认知的识记理解到高级认知的综合应用这样一个逐步递增的过程进行。教师在安排学生学习语言知识、文化现象的同时还需要组织与此相配合的学习活动，让学生在已有知识的基础上加深对不同文化知识的理解，个体学习与合作学习相结合。个体学习有助于学生充分完成识记和领会等教学目标。

4.学习效果的评价方式

在翻转课堂教学模式中同样需要重视对学生学习结果的评价方式。对于翻转课堂中所采用的个性化学习测评，主要依靠教师在平常与学生接触的过程中所形成的评价。教师需要依靠自己的教学经验来判断学生对知识的掌握程度。这种即时测评的优点是有利于纠正学生对知识的误解，并根据学生的认知差异为学生提出合理性的学习指导。

由于翻转课堂兴起的时间尚短，其评价方式还没有形成一定的系统与规范。因此，翻转课堂的学习评价主要是要求教师要与学生保持及时的沟通与交流，根据学生的个性特点进行引导。另外，教师还需要为学生提供多种渠道来展示学习成果，从而让学生建立起足够的自信心与成就感，促进他们更加有动力地去学习。

（三）翻转课堂教学模式的优势

在传统课堂上，教师为了帮助学生习得知识，必须密切注意课堂纪律与学生的注意力。因为一旦学生被某些事情影响而分心，就会影响他们学习的进度。但是在翻转课堂教学模式下，这种问题便不再存在。概括来说，翻转课堂教学模式的优势主要体现在以下几个方面。

1.扭转传统学习观念

翻转课堂教学模式对传统学习观念与态度的扭转主要体现在如下几个方面：

有助于合理安排学习时间。这方面主要针对的是一些在职人员的教育学习问题，他们可能因为工作忙而没有充裕的时间坐在课堂上听教师讲课。这些人员需要的是能够快速传递知识内容的课程，让他们能在忙里偷闲时学习知识。对于这些人员而言，翻转课堂的教学模式十分有利于他们学习，能够机动灵活地让学生自主安排学习时间。

传统课堂中讲授、练习的环节在翻转课堂教学模式中成为教师与学生互动探讨知识内容的环节，这种学习方式增加了学生的责任感、意志力，可以有效提高学生独立思考、解决问题的能力。

翻转课堂教学模式中的学习内容通常会根据学生的兴趣、需要来定位。

学生在总体学习目标的指导下根据教师提供的学习材料、途径自主完成知识建构，提升自身的知识水平。

有助于差生的反复学习。在传统课堂上，教师关注的往往是成绩优秀的学生。他们可以跟上教师讲课的步伐，能积极主动地举手回答教师的问题。然而，除了这些优秀的学生外，其他差生则往往被动听课，有的完全跟不上教师讲课的进度。对于这种不良局面，翻转课堂教学模式可以有效解决。在翻转课堂教学模式中，学生最兴奋的事情就是可以随时暂停、重放视频，直到自己看懂、理解为止。另外，翻转课堂教学模式大大释放了教师的时间，从而令教师有更多的精力来帮助成绩不好的学生。

2. 提升学生的主动意识

翻转课堂教学模式强化了师生、生生之间的学习互动，让学生的主观能动性得到了最大限度的发挥，将学习主动权还给了学生。虽然传统课堂中也有教师辅助指导学生的环节，但由于传统教学理念的限制，这些教学上的改变只是流于形式，教学活动仍然是以教师的讲授为主，学生完全没有主体地位。

在当前的时代背景下，网络、计算机技术的飞速发展颠覆了传统课堂的教学方式，从而使翻转课堂教学模式获得了名正言顺的教学地位。在翻转课堂教学模式中，学生根据教师提供的资源首先进行自主学习，有效体现了学生的主体地位，然后在课堂上与教师展开学习方面的探讨，进一步深化与掌握知识内容。

3. 淡化学生对教师的依赖性

翻转课堂教学模式中知识的习得放在了最前面，学生自主性大大提高，这有效淡化了学生对教师的依赖性。学生在自主学习时不得不将获取帮助的想法转向其他同学。经过一段时间后，学生便会习惯于主动接受学习知识，与其他同学交流、探讨的意识与能力也会加强。这样不仅可以提升学生的知识水平，而且加强了他们人际交往、组织协调以及团队合作等方面的能力。

4. 有助于学生开展个性化学习

众所周知，高校中的学生来自全国各个地区，他们自身的发展水平参差不齐，学习能力、兴趣爱好也不同。虽然教育者很早就意识到这一问题，但传统教学却很难真正实现分层教学。翻转课堂教学模式则可以真正实现分层教学，根据学生的能力、兴趣展开教学，使每个学生都能够按照自己的进度进行学习。

5. 有助于课堂上师生的积极互动

与传统课堂相比，翻转课堂教学模式完全改变了师生相处的模式，教师与学生能够实现一对一交流。如果有多数学生对某一知识点产生疑问，教师可以将这些学生集中在一起给予特别辅导。另外，学生在翻转课堂教学模式下的互动能力也大大增加了，他们不再将教师作为唯一的知识来源者，学生彼此之间同样可以进行互助学习。

二、翻转课堂教学模式的应用

目前，翻转课堂教学模式得到越来越多学校的推行，包括中国在内的很多国家已经开始进行翻转课堂教学模式的实践行为。然而，由于翻转课堂还未形成系统全面的教学模式，很多地区的翻转课堂教学模式在施行方面只是提出了大致的操作策略，并且不同的学科在实践操作上也存在着很大区别。相关学者经过研究后，提出了翻转课堂教学模式应用的基本流程。

（一）课前安排

课前安排方面，教师要为学生准备充分的学习资料，如英语参考书籍、电子教材、微视频教程、国内外相关英语专题的网址等。下面以微视频的设计为例进行说明。

微视频是目前翻转课堂常用的学习资源，它具有很强的针对性，是课前学习的核心内容。教师可以根据每堂课的课堂学习目标准备两三个微视频，一个微视频仅介绍一个知识点就足够了，如果内容太多则会影响学生的学习与理解。对于微视频的设计，教师需要注意以下方面：

学生在课前学习过程中可以利用网络软件与其他同学展开积极的沟通与交流，排除自己学习过程中的疑问与难题，促进彼此学习成绩的共同提高。

英语教学视频的互动性、视觉效果、时间长度等对学生的知识习得具有很大影响，教师在微视频中要合理设计学习内容与课前练习的数量、难度等，以帮助学生在已有知识的基础上向新知识过渡。

在设计微视频时教师还需要顾及学生的适应性能力，学生在刚接触视频学习时往往很难集中注意力进行听讲，只是专注于笔记的写作。为了改善这种局面，教师可以为学生提供视频的副本，解除学生的后顾之忧，引导学生关注当期视频中的学习内容。

在制作微视频时，教师不仅要重视整体上的视觉效果，更要突出学习的主题、要点，根据知识结构来设计互动活动，为学生建构形式新颖、内容丰富的学习平台，令学生对微视频的学习产生极大的兴趣。

微视频制作完成后，教师可以将视频上传到学校的网络上，方便学生随时下载学习。

学生学完微视频中的内容后，要对自己的学习进行总结，将疑问反馈给小组长，然后由各组小组长汇总给教师。这种方式有利于学生的个性化学习，他们可以根据自己的情况选择学习资源与时间。

（二）课堂教学

翻转课堂教师模式的教学过程大致可分为五个步骤：合作探究、个性化指导、巩固练习、反馈评价和课程总结。下面进行详细介绍。

1. 合作探究

首先，教师将学生进行合理分组。合作探究学习本质上来看就是小组学习的一种有效形式，所以教师需要首先将学生进行分组。在合理探究学习的过程中，小组各成员之间的搭配与结构是至关重要的，这要求教师在合理分组时应注意每位学生的知识基础、能力高低以及性格特点等，在此基础上才能实现合理分组。合理分组的目的在于均衡小组成员自身的各项特点，从而有利于他们开展良性的合作与竞争。

由于小组内各位成员自身的知识水平各不相同，教师在划分小组成员时应该按照"组间同质、组内异质"的原则展开，如此一来，学习成绩较好的学生就可以帮助和指导学习成绩较差的学生，他们在共同任务的要求下会通过相互合作来完成，这样还可以大大提升一些参与教学活动热情不高的学生的参与热情。在小组内部，各位成员都有自己的位置，在不同的任务阶段发挥不同的作用，从而顺利解决问题和完成教师安排的学习任务。每位成员在任务面前都不能偷懒，必须积极思考和参与、合理分工、明确自己的阶段任务。

其次，策划和提出学习过程中的问题。在开展合作探究的学习过程中，教师为学生安排的学习内容要具有可操作性，教师为学生安排的讨论问题同样也需要具有开放性。在课前，教师需要以学习的具体任务为前提，为小组内每位成员都安排相应的学习任务，同时为他们规定完成这次任务的时间。需要明确的一点是，教师布置的学习任务不可太笼统，这样小组各成员在完成任务时就有可能出现出力较多的成员以及完全不出力的成员，如此不仅没有实现学习任务的最终目的，而且也不利于小组成员合作精神的培养。在合作探究学习的过程中，教师作为引导者，应该为学生制定和安排具有一定难度系数的任务，这样可以最大限度地调动他们学习的兴趣与积极性。教师还可以为不同的小组布置不同的任务，促进各小组之间相互学习、共同提高。

最后，学习任务的合作应用与过程控制。在小组各成员开展合作探究学习时，教师无须在一开始就让他们共同完成任务。事实上，在任务刚开始时，教师应该让小组各成员根据任务的要求开展讨论与研究，让他们进行独立思考，这有助于他们形成深刻、独创的思维能力，之后小组各成员之间开始就自己思考的结果展开交流，在讨论中发表自己的观点，最终就所有的观点与看法经过汇总后达成一个每位成员都满意的结果。小组中还可通过民主的方式选举一个发言人，然后将小组讨论的最终结果反馈给教师。

2. 个性化指导

所谓个性化指导，是指教师为小组成员解答问题。在小组成员合作探究学习的过程中难免会遇到各种各样的问题，教师可以针对小组所遇到的这些问题展开具体化、个性化指导，帮助他们排除学习进程中的障碍。当然，如果各小组遇到的一些问题具有普遍性，那么教师则可以集中予以回答。

3. 巩固练习

简单来说，巩固性练习就是在教师为学生进行个性化指导之后，各小组成员对学习任务的结果进行总结和归纳，然后通过一定的练习来加深印象，对学习进程中的重点、难点及时进行巩固。在这一阶段，教师可适度安排小组之间开展知识方面的交流，这有助于他们将学习成果以及经验进行共享。

4. 反馈评价

对小组合作探究学习后的结果进行评价，教师不仅要评价学生的学习过程以及结果，还要对小组之间以及小组内部各成员的表现进行评价。在评价过程中，教师要重视小组任务的整体完成情况，不能仅仅关注某些成绩较好学生的表现。另外，教师还需要重视小组中每位成员参与任务完成过程的积极性、主动性，对一些具有独创思维的成员给予合理、恰当的评价，如此不仅可以让小组其他成员向表现优异的成员学习，而且还可以激发组内成员相互学习、共同进步的热情。此外，为小组成员树立榜样还可以减少少数学生所具有的依赖性，有利于合作探究学习的顺利完成。

5. 课程总结

在这一阶段，教师安排各个小组之间展开交流，彼此沟通学习进程中的信息，同时对这些小组成员的具体表现给予合理评价。这一阶段教师需要注意的是，尽量给予学生积极向上的评价和鼓励，不要打击、批评他们，从而确保每个小组都能圆满完成学习任务。

综上所述，英语翻转课堂教学模式不仅要强化课前预习的效果，更要注重课堂学习的效率。对英语翻转课堂教学模式而言，技术工具、信息资源是学生展开学习的基础所在。当前信息技术环境下，各种教学资源、软件等已经十分普及，教师需要广泛收集这些学习资源。对于教师而言，其主要任务是通过课堂活动设计来完成学生知识的内化，这同样也是翻转课堂教学模式的目的所在。对此，教师在设计课堂任务时应充分利用情景、写作、会话等要素，引导学生体验知识，实现知识的内化。另外，教师还需要引导学生利用网络大环境展开主动、自主的学习、社交以及对未来职业的规划。翻转课堂能否真正实现学生的个性化学习，在很大程度上受制于教师能否引导学生合理制订学习计划、使用学习工具。

第三节　大学英语翻转课堂教师角色的研究

大学英语作为我国各普通高校的公共基础课，其教学规模、质量以及学生学习效果对于高校人才培养、科学研究、服务地方与文化传承创新工作的开展都有非常重要的意义。同时，上好大学英语课对学生自身来讲，也是提高其专业水平、拓宽国际化视野、学历教育再提升的必由之路。虽然大学英语教学改革在各高校已开展多年，然而以教师主动讲授、学生被动听课的传统教学模式带来的教学效果却不尽如人意，造成这种结果的原因是多方面的，但是主要原因可以归结于以下两点：一是由于传统教学模式下学生作为被动受众群体的积极性不高；二是随着新科技革命的到来，现代教育技术日新月异所带来的大学英语课堂教学模式的变革，直接推动了国内外学者对大学英语翻转课堂的理论与实践研究。

一、传统教学课堂与翻转课堂相比教师角色的差距分析

翻转课堂概念于 2000 年由美国莫琳·拉赫、格伦·普拉特和迈克尔·切格力亚在《翻转课堂：创建全纳学习环境的路径》一文中正式提出。翻转课堂实践则起源于美国教师乔纳森·伯尔曼和亚伦·萨姆斯采用特定软件将 PPT 课件录制下来并上传到视频网站上，以方便缺课的同学补课。随着科学技术发展到今天，翻转课堂已作为普遍接受的教学创新模式出现在大学英语教师与学生面前，与传统教学课堂相比翻转课堂具有其特有的比较优势，即自由度较高和灵活性较强。因此，面对翻转课堂这一新生事物，习惯定位于传统课堂教学角色的大学英语老师，必须适时调整教学观念，正视并完善在英语教学研究方面存在的某些短板，充分认识到传统教学课堂与翻转课堂中教师角色之间的差距。

（一）教师重讲授、轻传授

讲授作为一种方法，指的是教师通过口头语言直接向学生系统连贯地传授知识的方法。从教师教的角度来说，讲授法是一种传统型的教学手段；从学生的角度来说，讲授法是一种接受型的学习方式。由于大学英语教师在课堂上面对的是一群年纪轻、科学文化素质较高、易于接受新生事物的大学生，传统的讲授法使大学生放弃独立思考，经常以听讲替代思考，而采用翻转课堂模式采用传授法，可以打破课堂中教师中心地位，主动向学生传授学习方法、创新意识与课后学习重点内容，培养大学生在英语学习方面的自主性、独立性与探究性，通过独立思考来获取知识，使知识掌握得更加牢固，遇到实

际问题可以通过知识迁移来举一反三得到解决。由于大学生的特殊性与求新性，要求大学英语老师改变以往重讲授、轻传授的模式，激发大学生学习英语的积极性、主动性，注重思维方法的渗透，让大学生不仅掌握教师讲授的内容，而且还掌握教师讲授的思路以及分析问题、解决问题的方法和途径。

（二）评价标准过于单一

传统大学英语教学活动具有较为明确的目的，衡量教师的教学质量与学生学习情况好坏的标准主要是学习成绩，特别是传统纸质版的考试成绩，而翻转课堂情境下则要求教师在课堂教学上以服务育人为主要目的，做教学过程中答疑者、引导者和促进者，引进多元教学质量评价标准体系，通过课前学习＋课堂探究、自主学习＋交流反思、知识讲解＋微课视频等方式，克服传统大学英语教学模式中教师对于教材和考试成绩关注程度高，学生难以摆脱单纯依靠死记硬背知识点，忽视理解记忆等缺陷。

（三）新技术普及应用不够

传统大学英语教学课堂对新技术的要求不高，经常依靠形式较为老旧的粉笔、板书、纸质图片完成教学任务。随着计算机网络技术的发展及广泛应用，翻转课堂则要求教师应普遍运用现代教育技术和多媒体课件于大学英语教学中，将传授知识的空间领域由课堂内转向课堂内外。然而部分教师由于种种原因，仍较为依赖传统教学模式，对新技术应用于大学英语课堂持怀疑和观望态度，不愿意主动提升现代教育技术能力，对大学英语教学模式的整体创新、创意有负面影响。

二、大学英语翻转课堂教师的角色转换策略

基于以上分析，不难看出翻转课堂对于大学英语教师角色转换有较高要求。因此，大学英语教师需要树立以传授知识、指导学习、担当配角的理念，主动改变以往传统课堂模式中讲授为主、以教师为中心地位、教学方式方法落后的弊端，积极适应现代科学技术在高校教学领域的普遍趋势，加强学习现代教育多媒体技术，大力提升翻转课堂教学能力，不断提高自身综合素质，并且在角色转换过程中找寻自我价值与职业乐趣，同时还要保持与学生群体适当沟通交流，能够站在大学生的角度开展英语教学改革工作，从而更好地体现大学英语翻转课堂的比较优势，促进大学生实现自我教育、自我进步、自我成才。具体来讲，大学英语翻转课堂教师的角色转化策略有以下几点。

（一）更新教学理念，为角色转换打造思想前提

首先，要转换教学理念，即以教师讲授为中心转换为以服务学生为目的，为学生营

造出一个能够安心学习与思考的英语学习平台,只有更新转换了教学理念,才能激发学生从过去被动学习转变为主动学习,促使教师从讲授者转变为知识的有效传授者。其次,要切实落实服务学生的具体行动。普通高等学校教学是为了给大学生提供专业人才培养的服务,大学英语教师要通过现代教育技术、翻转课堂等创新课程教育模式,使学生明白自身的兴趣与发展方向,做好自我教育、自我提升和职业规划,将学生学习能力与未来职场竞争力的提升与否作为教育与学习质量的重要评价标准之一。再次,帮助学生认识到受教育对象角色定位。教师在大学英语翻转课堂教学中,应通过潜移默化的方式促使学生感觉到自己不只是课堂内知识的被动学习者与接受者,而且还是课堂外主动学习的参与者与创新者,帮助学生认识到自己应具备独立学习、独立思考、独立研判能力的必要性,因此翻转课堂在改变教学观念与方式方法的同时,还促进了大学生的英语自主学习习惯的养成。

(二)提升运用现代教育技术的能力,为角色转换提供源泉

首先,尽快通过外培内修等方式,学习了解大学英语前沿教育教学内容,特别是微课慕课等软件工具的使用,按照新标准大学英语课程的要求,制作教学微课视频,遵照教学认知规律,帮助学生了解翻转课堂内容。其次,要运用现代教育技术编订自主学习任务。在课前要制作自主学习任务单和自主学习练习题,并将相关材料上传至班级群共享,要求学生及时下载学习、自我预习、自我提问。再次,要运用现代教育技术来形成准确课堂反馈与即时测验。比如,紧贴微课内容设计课堂问卷或随堂在线测验,测验难度要循序渐进,逐渐提高区分度,旨在促进学生自主学习能力提升与课堂学习体验氛围的营造。

(三)坚定将学习贯穿一生的信念,为角色转换拓宽上升通道

首先,大学英语教师面对一次性的学历学位教育,越来越不能适应翻转课堂等现代课堂教学模式创新的需要,对于大学英语教师而言,要想更好地把握翻转课堂上教师角色的定位,就必须将自我学习与不断深造结合起来,把终身学习当作自身发展和提高的必由之路。其次,大学英语教师还必须熟练掌握使用现代化网上资源的能力。作为大学英语教师不仅是教育者,更大程度上还是学习者,在翻转课堂上要教会学生如何观看微课,如何高效地记笔记,如何学会在线互相提问、互相鼓励和交流、在线综合评价。再次,大学英语教师应具备不断学习与自主思考的优良习惯,起好模范带头作用,能够随时解答翻转课堂上学生提出的线上线下问题,准确掌握受教育学生群体的学习进度情况与心理状态,努力做学生的良师益友,把终身学习当作大学英语教师的常态,不断创造学生各种学习情境下应具备的各种条件,在翻转课堂中为教师的角色转换拓宽上升通道。

第四节　翻转课堂模式下的师生交互研究

对翻转师生交互的现状进行分析之后，本节针对交互过程中的因素，构建师生交互模型，同时对翻转课堂师生交互存在的问题也提出一些解决方案。

一、翻转课堂师生交互模型

翻转课堂中良好的师生交互是发生在不同学生群体中，围绕着明确的活动任务或内容进行，展示出多样的交互形式。在交互过程中，教师的组织以及评价反馈是不可或缺的行为，学生主要表现出展示、表达与同伴分享的行为。针对翻转课堂最常用的方式即课前自主学习、课堂解决问题，建立翻转课堂师生交互模型，促进翻转课堂师生良好交互的实现。

课前师生主要围绕微视频和任务单进行交互。从交互内容来说，课前师生间的交互内容主要是微视频以及任务单。微视频和任务由教师进行制作，分发给学生，学生与其交互，对知识进行吸收。从交互主体来说，在课前交互主体不仅有教师、学生，还有教师和学生构建的共同体，即师生共同体、生生共同体。在共同体内部可以发生各种交互。从交互行为来说，教师主要是引导、评价。学生可以有分享、交流和评价等交互行为。从交互环境来说，课前师生交互需要交互平台的支持。交互平台为学生自主学习、教师展示教学资源提供了空间，同时平台中包含有对学生自主学习过程的记录，如观看时间、观看次数、暂停次数、暂停时间等。教师可以在平台上对学生学习过程或学习结果进行评价，这样的评价是及时的、有针对性的。学生也可以看到同伴的结果，可以对同伴的提问或结果进行回复，实现同伴之间的互评。在课前师生交互模型中，起关键作用的是交互平台的应用，交互平台通过以下几个模块的建立来促进师生更好的交互。

（一）可视化监控模块

为了保证学生课前的自主学习活动的进展的效果、提高课堂交互质量，有必要对学生的自学过程进行可视化监控。通过对学生学习活动有组织、有计划的监控操作，及时反馈学生的学习行为，评价学习结果。这是对学生学习活动制定的激励机制，在教师合理有效的关注中，逐步提高学生的自主学习能力，并培养自主学习习惯。具体的监控措施是设置跟踪学生的访问次数时间、持续访问时间等的模块。在监控数据中，及时了解学生学习的情况，在学生完成视频学习之后，要对其学习中的困难、学习心得体会以自己独特的表达方式传递给教师。教师的监控不是生硬的，不是只对结果的评价，而是对学生的学习进行全方位的评价，让学生感知教师的用心关注。在学习的交互中，保持感情交流，给学生以愉悦的学习情绪享受。

（二）交互评价与讨论模块

学生完成微视频的学习之后，对任务单内容的解答，要上传至平台。在平台上，教师与学生形成评价与讨论的关系，学生在自己理解的基础上，可以对其他同学的作业进行评价，并有充分的理由。教师对学生的作业本身要进行评价，对于互评的行为也要进行评价，在这个过程中，师生之间、学生之间又一次进行了交互，这一阶段的交互，相比学生与微视频的交互又会深刻一些。在互评的过程中，学生对其他学生的学习结果有所了解，同时也能够提高自己的学习水平。在交互平台上，教师可以进行有针对性的、个性化的评价，也可以通过及时有效的评价，激发学生学习的主动性。教师在评价的过程中还可以了解到能够快速观看微视频的学生比率，在微视频中停留较长时间的学生比率，判断微视频制作的有效性。教师对学生作业以及学生互评过程进行评价之后，可以进行总结形成问题系列，作为课堂交互的基础内容。在讨论模块，学生可以随时提出自己的疑问，解答同伴的疑问，教师也可以观看到讨论的问题，在学生的交流中提出指导性意见，让学生实现真正的自主学习。

（三）作品展示模块

在翻转课堂实施的课前阶段，教师将学生自主学习的微视频以及任务单上传至平台，学生可以随时进行观看，实现自主化学习。在解决任务单中的问题中，学生可以将自己的答案展示在平台上，同时也可以将具体的解决过程拍成照片上传至平台，一方面可以较全面地分享自己的想法，另一方面可以让同伴或教师进行有针对性的评价。在活动课或实践课中，也可以将自己制作的成品以照片的形式上传，通过作品展示，师生之间可以有更多的交互，同时也是更具体更有针对性的交互。通过作品形成的师生交互，让师生对彼此有更全面的了解，教师能够通过多种方式满足学生的个性化需求，促进学生的个性发展。在学生练习中，教师可以将所有问题都制作成短小的视频，在学生不能解决问题的情况下，可以自主观看视频，对问题进行理解并重新完成。交互平台中的作品展示是师生双方的分享，通过分享，实现师生之间更多的交互。

课前交互是一个完整的过程，教师制作微视频，学生接收资源，对资源进行自我吸收，接着通过任务单中问题的解决检测自我学习结果，学习结果又反馈给教师。这一过程是师生间小范围的交互，在实际教学中，容易忽略师生的对接。在课前的交互准备中也是一个小循环，这个过程中教师要对学生的学习有明确的安排，对学生要有及时的督促，同时可以利用同伴的作用，给学生提供榜样；在对学习结果回收的过程中，教师要能够将主要问题列举出来，对个别问题也要重视，学生从教师的言行中可以感受到教师对自己的态度，从而引发对科目及教师的情感。学生自主学习动机的激发伴随着课前的各个环节，教师要提供给学生合作竞争的环境，在安全的心理环境中，适当给予督促、评价，以便学生能够养成自主学习的习惯。课前师生的准备越充分，对课堂中的交互越有利。

在课堂交互中，教师先对学生进行检测，学生将检测结果上传，教师在投影中呈现，学生不仅可以看到自己的成果，同时对同伴的也可以及时观看到。教师通过逐一浏览，从中找出有特点或有代表性的进行点评，形成教师与学生个体、集体的交互。对学生集体的困惑，教师将进行有针对性的讲解，发挥讲授的作用。学生在教师的讲解中，获得解决问题的思路或方法，促进思维的发展。教师展示结构化的问题，学生逐一解决，课堂交互有层次有条理地进行，学生保持着学习的专注力，运用课前学习的结果解决一个个问题，获得自信心，教师在交互中发挥着指导、组织的作用，让学生成为课堂的主人，在课堂中找到自我的存在感和成就感。连环式的交互行为之后，师生进行交互内容的总结，让学生整理知识、方法，在师生融洽的交流中获得愉悦的学习体验。在问题的解决、知识的掌握中，培养良好的学习态度和学习习惯。

翻转课堂教学模式下的课堂师生交互主要集中在三个教学环节，即任务单中的问题解决、课堂检测（基础知识理解）、应用型问题解决。任务单中的问题，整体上是较浅层次，目的是激发学生的学习兴趣，让学生获得学习的信心。在任务单中设计一两个有难度的问题（难度适宜）使学生能够进行深入思考。对于难题，学生可以在课下与教师或同伴交流，也可以留在课堂中进行解决。教师做好了充分的准备，即对学生在完成任务单时产生的困惑有所了解。在课堂上教师与学生共同将其解决，在课堂开始阶段就给学生一定的吸引，带着解决自己的疑问的心理状态，很容易跟进课堂活动的步调对课堂检测是教师与学生集体间的交互，教师对学生进行简单提问或是给出具体的需要全面思考的问题，学生做出回应，教师依据回应的情况了解学生整体的自主学习。这两个环节是通过问题的解决将教学内容进行回忆、巩固。这是解决教学内容是什么的问题，接着要对怎样用知识，或者为什么是这个知识进行学习。在学生基本掌握教学内容的情况下，教师设计一些能力提升的问题，这是训练学生思维的过程，当学生已经学习了知识点之后，给他们提供应用的机会。教师在这个过程中最主要的任务就是观察、引导、鼓励，让学生充分发挥自己的能力，用自己的方法去解决问题。问题解决的最终结果不能放置过高的位置，让学生敢于思考、敢于表达才是重要的。在整个交互过程中，教师对学生的辅导要建立在学生自我解决或与共同体讨论基础之上。

在课堂交互中，教学活动形式多样，形成不同类别的师生交互。在检测阶段，教师与班集体进行交互解决共性问题，学生个体与班集体交互解决个别问题。在应用型问题的解决过程中，分小组讨论，在学生与共同体的交互中，获得问题解决的思路或是问题的最终解答，学生个体与班集体交流将问题解决过程呈现，学生个体与个体之间交互将学生个体疑问解决。课堂活动的设计从易到难，活动的参与者也从学生个体、学生小组到班集体都有存在。学生共同体是以学生及其同伴构成的学习群体，他们有着共同的目标，一起将问题解决。共同体成员有着自己的认知特点、表达特点。学生与共同体的交互，是一种较平等的交互，具备类似的心理、生理、认知发展水平，在理解与交流的过程中，更容易让彼此实现同化或顺应。共同体是学生同伴的集合，在自尊心以及好胜心的支配下，会自然形成一种向上的力量，小范围的共同体带动整个班级的运动，形成良好的交互情形。师生共同体是教师作为学生学习的伙伴共同解决问题。在师生共同体中，教师成为学生的学习同伴，在问题解决中同样与学生共同提出看法、分享意见，这时的教师对学生而言是学习的促进者。通过学习共同体的交流同伴之间协作完成任务，指定代表展示共同体的学习成果，这是给个体与班级交互提供机会。在学生个体表达完之后，班集体中的成员可以对学生个体进行评价或提问，这是一种促进学生之间提问的方式，站在较平等的地位，学生更容易有勇气表达，或有信心独立思考。

在课堂交互的过程中，交互内容的三个层次彼此之间有联系同时又是递进的关系，三种交互主体，彼此有交叉，可以形成形式多样的交互。三层次三交叉主体所形成的交互不仅能够让学生获得知识享受、思维享受及良好的人际关系享受，同时也让课堂更有活力、气氛更融洽。

二、翻转课堂师生交互策略

从翻转课堂师生交互的现状中，发现师生交互还存在一些问题，针对这些问题，提出切实可行的师生交互策略，促使翻转课堂中师生交互更好地开展，同时也能将翻转课堂更好地实施。

（一）交互准备策略

交互准备包含教师准备、学生准备和交互环境准备。教师需要有提供给学生自主学习的资源准备、对学生学习的监控以及学习结果的汇总。学生需要对微视频进行深入学习，完成相应的任务单，同时准备好自己的疑问。为保证师生做好交互的准备，下面提出以下几个方面的实践方法：

1. 微视频关口设计

在学生自主学习的过程中，教师和学生之间是一种异步交互，学生对微课中教师的言行会有不同的反应，表现在对微课内容的理解程度。在这个交互过程中教师在微课中需要设计一些明确的给予学生思考的说明或提示。这个过程主要是学生对教学内容的接受、吸收。但对学生而言，也是一个主动建构的过程，是将学生原来的认知与新知识之间建立联系完成同化或适应的过程。教师适当的语速对学生而言，就是一种引导，但除此之外，在微课中设置恰当的关口，给学生回忆或总结讲述过的知识，在此基础上试图去解决问题。关口一方面是一种调节学生在与教师进行异步交互时所形成的单一的学习状态，它在学生自学的过程中营造一种氛围，让学生感受到自主学习的过程并不是完全一个人孤立地看微课，这种氛围对于学生学习的情绪是种调剂，消减乏味或懈怠的感受。其次，关口促使学生对讲解过的知识做短暂的回顾，也是让学生进行一个自测体验。闯关的结果对学生接下来听课的状态会产生影响。微视频中交互的设计也是对学生自主学习过程中的一种指导，利用停顿来提高学生学习状态。在停顿中，使学生对学习过程进行反思，同时也可以通过停顿之后的评价促使学生保持学习的动力。因此，关口的难度设计要适中，这样给学生足够的信心进行接下来的听课。这是一种类似游戏化教学的设计，目的是对学生情绪和学习状态的改普。最后，微课中关口的设计是将学生学习、检测活动形成一种范式，这样在看过微课之后，很容易衔接任务单中的检测环节。学生养成吸收、检测、反馈等习惯促进对课程整体知识的掌握以及自我学习的了解。在关口的时间点设计上，需要教师利用自己的教学经验以及对学生情况的了解基础之上确定。设计关口的形式可以是多种多样的。例如，一个结合实际生活的疑问，或是一个习题式的问题等。除此之外，也要注意微课然具有短小精悍的特点，但在讲述的过程中依然要注意有逻辑的要求，这对学生的归纳总结有一定的帮助。微视频资源不仅仅是提供学生学习的材料，同时也是一种对学生学习引导的资源，在交互环节的设计中，学生可以对知识进行归纳，并利用知识进行问题的解决，在这个过程中，调动思维积极活动，促进学生进行独立思考，对学生的批判性思维发展也有一定的帮助。微视频中交互的设计让学生在学习的过程中，保持集中注意力，给学生一种与教师非面对面交流的体验。

2. 课前自学方法引导

翻转课堂教学模式实施的首要阶段是让学生进行自主学习。在翻转课堂中，学生利用教师制作的微视频进行自主学习，在学习的过程中通过配套任务单中的问题解决进行及时检测。从这个过程来说，学生的自主学习目标明确，学习内容明确，但学习方法很少提及。学生长期处于被动的学习状态，

对于自学可能还存在一定的疑惑，教师有必要对学生进行自学方法培训，同时也可以在微视频中给予提示。在对学生进行自主学习培训的过程中，要对学生的认知策略和元认知策略有清晰的了解，可以通过平时学生分享自己的观点或问题解决思路的手段进行分析。帮助学生认识自己常用的学习策略，对学习策略中的不足进行个性化的指导。在这个过程，主要是让学生意识到自己的自学准备、自我识别、自我选择和自我反思过

程与方法。在微视频资源的学习中，学生对自己学习的心理准备、对视频内容的选择性观看、选择性理解以及观看之后的反思等，都要有意识地去实践。学习微视频的过程是个需要耗费精力，利用专注力去实现的阶段，学生在了解了自己的学习过程和方法之后，针对自己学习中常犯的错误进行有针对性的强化，促进良好学习习惯的养成，这样才能真正实现自主学习。在微视频和任务单的使用中，依据不同学生的情况，可以采用不同的应用方式，对能力较强的学生而言，可以让其先对任务单进行阅览，从任务单中反映出的教学目标能够进一步促进学生带着问题进行学习。这样的学习更容易实现教学目标。对于自信心不强或能力一般的学生而言，先看微视频再做任务单会更好。教师对微视频可以有更多的应用方式，在不同的应用中，都要给学生一定的方法指导。微视频只是一个学习工具，如何能让学生通过工具获得知识，才是最重要的。教师要对学生的自主学习过程进行方法、策略上的引导，让学生知道面对微视频这些学习资源，该以怎样的状态去使用，同时对于微视频的功能也要进行多方位的解读，如可以进行新课预习，也可以在复习阶段进行回顾，在解决问题的过程中有不理解的知识点也可以再次进行观看。除了对自学过程的引导之外，对自学结果也要有指导，学生在完成自学之后，不仅对自己的疑问困惑有总结，同时对自己在学习过程中的体会也要有总结，这样才能够不断提升自主学习能力。教师要充分利用自主学习策略对学生进行学习指导，让学生在学习策略的使用中更好地实现教学目标，同时也促使学生养成更好的自主学习习惯。

3. 自主学习监控

自主学习监控是指教师对学生的自主学习过程的监督。在监控的过程中，教师不仅可以对学生的学习过程有清晰的认识，同时也会让学生保持一种积极的状态。在翻转课堂的教学过程中，学生可以进行自主学习，这是学生进行独立学习的阶段，教师对学生的自学进行监控，能够对学生的学习过程进行评价，而不是只对结果进行评价。教师对学生自主学习过程的有效监控，是课堂教学设计的基础。翻转课堂模式下的课堂是师生共同解决问题的过程。在这个过程中问题的设计是关键，既要对学生的学习有促进作用，同时也要以教学内容和教学目标为前提。教师对学生自学过程的监督，可以发现学生学习中的困惑或者学习中存在的问题，这些都可以作为课堂交互内容的一部分。课堂活动是促进学生发展的设计，在已有问题的基础上，利用最近发展区，再设计有助于能力提升的内容，构成课堂师生交互的问题。教师对学生的评价来源于对过程的分析，对学生而言，教师的监控能够促使其保持认真的态度。翻转课堂教学模式实施的两个阶段之间关联度很大，课前是课堂教学的准备，课堂教学又是课前学习的提升，两者之间的联系，在实现手段上主要是教师对学生学习过程的监控。利用监控促使学生能够按时完成教学任务，帮助教师实现学生信息的收集。这些都是课堂师生良好交互的前提，因此在翻转课堂的实施中，教师有必要对学生的学习过程进行监控。

（二）教学活动多样性策略

1. 设计多样性交互问题

翻转课堂教学模式下的课堂是师生交互共同解决问题的过程。设计多样性的交互问题，促进师生多角度多层次交互，帮助学生对知识多方面的理解，最终实现知识的内化。交互问题来源于学生自主学习过程中存在的疑惑，是学生在对知识的认识方面有待解决、解释或者处理的疑难、困惑或矛盾。在课堂交互中，学生是带着已经发现的问题与同学或教师进行交互，这些已经存在的问题，是师生交互之前，教师做以汇总的交互内容。这是课堂交互问题的一个部分，除此之外，教师要对师生交互的延续预设一定的问题，这些问题在设计的过程中需要对以下几点进行注意。首先，课堂师生交互的问题是以课堂教学内容为中心的，从逻辑上看，交互问题可以有主题问题、前导问题、衍生问题、核心问题、关键问题、辅助性问题以及附属性问题。课堂中一般有一个或两个主题问题，它是能够概括教学内容的问题。前导问题是在主题问题之前，对学生起到激发、注意等作用的问题。核心问题和关键问题是对教学重难点的反映，辅助性问题指用来检测或练习的题目。与传统课堂相比，翻转课堂模式下的课堂更注重问题的设计。教师在教学设计的过程中要对教学内容进行深层次分析，对课堂师生交互的问题进行系统制定。从激发学生兴趣、内化知识、应用知识等几个层次设计交互问题。在问题编排或提出顺序中，教师也要依据学生的思维发展特点以及课堂中的表现，有序地展开问题解决。除了交互问题类别要丰富之外，交互问题的提出形式也要有所考量，如采用直接提问还是给出一定的情境引出问题或者在与学生的交互中引出问题，这要依据具体的教学情境而定。

2. 应用多种教学形式

翻转课堂教学模式下的课堂是师生共同解决问题的过程。针对不同的问题，采用不同的教学形式。这样既能合理分配时间，又能高效地解决问题。

在不同教学形式中，学生的参与度不同，师生可以开展全方位的交互。在学生自主学习的过程中，涉及的问题一般都是基础之类的问题，在多数学生都有疑问的情况下，教师采用集体教学的形式，统一解答，在有限的时间内，解决共性问题。对于个性化问题即对知识理解有代表性的问题或是能够促进学生进一步深入理解知识的问题，教师可以采用小组参与式教学，发挥学生的主观能动性，为问题的解决提供线索或思路。这种方式既可以让学生有独立思考的时间，同时对有想法的学生可以与教师或其他同伴进行交流，这种教学形式能够带动学生个体或群体参与课堂活动。对于极个别学生的问题，教师可以采用小组互助或个别辅导的教学形式，让每个学生都不留疑问。在课堂交互中，教师可以利用学生特点开展各种形式的教学活动，如演讲、展示、演示、实验等，为不同的学生搭建不同形式的分享平台。在翻转课堂教学中依据学生的特点以及交互问题的难易程度或结构化特点采用不同的教学形式。合理的、多样化的教学形式能够带动学生的各种感官，让学生对学习充满热情，不同的教学形式也能促进学生不同形式的展示、表达，促进不同学生群体参与交互。多种交互问题多种教学形式下，教师注重对学生进行引导，激发学生对问题的思考，同时也能促进与同伴或教师的交互。

3. 构建学习共同体

在翻转课堂师生交互的过程中，师生通过组建学习共同体，在共同体内部可以发生更多的交互，师生也可以与学习共同体进行交互，这样可以实现更丰富的师生交互。从学习共同体的形成与发展来看，主要有以下几个特点：有共同的目标，能够相互认同，交流协商，处于民主的心理氛围中。在课堂教学情境中组建学习共同体，共同体中的每个成员都有共同的学习目标，在认同积极的心理状态下参与课堂活动。在翻转课堂教学中，通过教学任务的分配，将学生群体按照个性特征以及学习特质等方面的异同组建各个学习共同体。在学习目标一致的前提下，给学生自由交流的时间，在多次交流过程中，彼此之间形成一种主动合作学习的关系。学习共同体是由学习者和助学者构成的，在共同体建构的过程中，合理分配学习任务，明确学习职责，助学者不能越权，独立承担学习任务。学习共同体的构建需要教师对学生的特点有全面的了解，同时对课堂任务有明确的分配。在翻转课堂实施的过程中，教师、学生组成的学习共同体或者学生与学生组成的共同体在课前自主学习的过程中进行交互，促进知识的理解。在课堂中，不同学习共同体之间进行交流，促进观点、想法、思路的碰撞。在教师与学生组成的共同体中，教师只是助学者，与学生有同样的目标要实现，对学生起辅助性的作用，不能全权负责学生的学习。构建学习共同体使学生在课前自主学习的过程中有同伴的协助，在独立学习之后，可以与同伴进行交互，在交互的过程中解决问题或发现新的问题。在课堂中，不同学习共同体之间可以交互，对彼此的困惑进行解答或者交流产生新的疑问。在这个时候，教师的作用才得以体现，为多数学生不能解决的问题进行方法或思路的引导，促进学生对知识的理解和应用。

（三）以学定教策略

以学定教是翻转课堂教学模式表现出的一个特点，同时它也是促进师生交互的手段。以学定教策略是指在教学的过程中以学生的学情和发展特点为前提，制定教学内容，组织教学活动。以学定教有两种表现形式，即先学后教和以教导学，前者是翻转课堂教学模式的本质体现。在以学定教策略的实施中，关键是要对学生的学进行全面定位。学生的学包含学生的学习状态、学习方法、学习过程以及学习结果等内容。教师对每个维度都要有所了解才能对课堂教学的内容和活动进行设计。在翻转课堂教学中，教师要对学生的学进行全面及时的关注，以学生的学习情况开展教学活动，这样，学生才能有表达或表现的可能。教师的教用来引导学生进一步地学，在先学后教、以教导学的过程中，让学生发挥学习的动力和热情，成为学习的主体，进行学习活动的实践。教师对自己教学的评价也要依据学生的学进行，依据学生学习的需要进行教学活动和教学形式的选择。在先学后教、以教导学、以学评教的过程中，学生的行为表现、个性特点得到体现，教师和学生之间的交互也更具体更有针对性。在以学定教的策略实施中，教师负责学生掌握学生的学习情况，进而做出引导性行为，学生在教师的引导中，不断地做出回应，形成师生间良好的交互。

以学定教策略的实施中，教师要有学生意识，善于从学生的反应中获取信息。教师要善于引导，在课堂中多使用积极的情感感染学生，让学生主动参与课堂交互。在翻转课堂教学模式的实施中，课前阶段学生进行自主学习，为教师提供了了解学生学习的机会，通过课前交互得知学生的学习情况，对课堂教学就要进行有针对性的设计。课堂中的教建立在学生学习的基础之上，在解决学生问题的过程中，逐步提高能力层次。对课堂交互活动的设计要有各种预设，通过学生的反应，及时调整教学，时刻与学生的步调一致，尽可能地让学生在最近发展区中得到发展。教师对交互问题的设计和提出，也要建立在学生学习结果的基础上，交互问题的难易程度与学生的水平保持平衡，在学生学的过程中，进行及时有效的评价，不仅从认知层面，对心理层面也要进行评价，这样的评价才能够让学生接受，并做出回应。

（四）交互环境信息化策略

1. 建构交互平台

翻转课堂模式下课堂师生的交互与课前学生的自主学习相关，在交互平台的支持下，教师可以对学生的自主学习进行监控，促进学生课前任务的完成。交互平台的建构包括几个模块：资源中心、学习中心和考核中心。用于翻转课堂教学的微视频任务单或教学内容相关资源都放置在资源中心，学生可以在登录之后，随时进行观看、学习。学生认为重要的资源可以进行收藏，便于随时查看。考核中心有主题性练习或考试试卷等资源。学生在观看过视频之后，可以进行及时检测或练习巩固。在练习习题中，配有微课讲解，学生在自测之后不能解决的问题可以与其他同伴讨论也可以直接观看讲解，然后重新进行解答。对有代表性的练习，学生也可以进行收藏，方便直接回顾复习。在练习模块中，教师和学生可以进行提问、回复和评价。在学习中心，有讨论区，学生可以边看视频边进行交流，对过多的学习之外的讨论，教师需要监督，进行提醒。交互平台通过以上几个模块，引导并记录学生自主学习。交互平台中还可以有跟踪机制，对学生的学习过程进行记录，如学习总时间，学习次数、学习暂停次数等，对学习结果在班级中的排名也有记录，对每次学习的进步或倒退也有提醒，便于学生随时了解自己的位置。在交互平台中有一些交互机制，如任务引导机制、协作机制、积分机制、学习评比机制、考核机制等，对学生学习进行引导和激励。对学生经常看的微视频或经常出错的题目，平台也会有记录，并向学生推送类似的内容或练习，促进学生进一步掌握知识。交互平台的构建和使用，让教师减少了重复性的工作，同时又完成了教师无法完成的工作。对翻转课堂师生的交互提供了课前准备数据，让教师能够真正做到以学定教，从而实现课堂中深层次的交互。交互平台不仅对翻转课堂的课前阶段提供支持，同时对学生课后的复习巩固也起到重要的作用。在交互平台的作用下，师生在课前就可以实现交互，教师也可以对学生间的交互进行观察和评价。师生间的交促进学生更好地实现知识的传授。在课堂中，教师不仅可以针对学生的学习结果还可以针对学生的学习过程进行交互问题的设计，对学生实现知识内化提供了全面的支持。

2. 利用交互终端

在课堂中，引入交互终端，教师可以实现传统课堂师生交互中出现的瓶颈，即学生随堂检测结果的量化呈现。教师对学生进行检测，传统课堂中，教师只能通过在学生中走动对学生学习结果进行大致了解。而在有交互终端的情况下，学生可以直接将结果上传，在课堂中的白板中就可以显示出来，教师从学生解决问题的数据结果中，教师不仅可以看到答对答错的学生人数，还可以具体到某个学生的答题情况。在这种情况下，教师就可以进行有针对性的讲解，对集中的问题，采用集体讲解，对个别问题采用个别辅导。教师也可以让答对的学生进行分享，让学生感受到多种解题思路，而不是像传统课堂那样，只有教师在讲，这对学生思维的发展有一定的帮助。交互终端中也可以包含题库，在课堂交互中，教师与个别学生交流时，其他学生可以依据自己的学习情况进行深层次的练习。在课堂师生交互中，教师不能对每一位学生都进行评价，但在交互终端的支持下，利用交互终端中的设计，对每一位学生都可以进行及时的评价，这种及时评价对学生的学习情绪起到一定的引导作用。在交互终端中，可以设计作业提交模块，让每一位学生都可以看到其他人的结果，这样让学生在教师快速浏览的过程中进行自我选择观看其他人的作品进行学习。交互终端中可以存放文本、视频等资源，学生作品可以以不同的形式上传。

在课堂交互中，交互白板也是一种有效的工具。它通过内容的呈现，促进师生间的交互。在学生需要面对班集体进行观点分享或是思路展示的情况下，就可以利用交互白板，学生进行过程的书写，教师和其他学生可以看到完整的解题思路，同时教师可以把这个生成新的内容，传给学生，进行消化吸收，也可以用在其他班级中，这是一种资源生成的方式，具有真实性，也是对学生学习的支持和鼓励。

第七章　大学英语"产出导向法"教学模式研究

第一节　"产出导向法"基本概述

"产出导向法"源于文秋芳教授2008年的"输出驱动假设"。"输出驱动假设"的提出是为了推动英语教学改革，提高学生的说、写、译等语言输出技能。2015年，经过多年的探索和论证，文秋芳教授通过《构建"产出导向法"理论体系》一文进一步完善了"输出驱动假设"，明确这种教学方法称为"产出导向法"（简称POA），构建了完整的教学体系。市场调研发现，职场对语言输出活动的需求远远高于语言输入，文秋芳（2015）在"输出驱动—输入促成假设"基础上提出"产出导向法"，强调输出既是语言学习的动力又是其目标，而输入是促成输出任务完成的手段。外语学习不同于其他的技能学习，外语学习需要真实情境，借助大量练习从而将被动语言知识转化为主动知识与技能，再转化为用语言做事的能力。基于"产出导向"的外语学习环境，给学生提供更多表达与阐释的机会，有利于提高学生的学习积极性和内驱力，从而提升学习效果。

一、产出导向法理论基础

（一）教学理论

1. 学习中心说（Learning-centered Principle）

"以学生为中心"的理念大约在20世纪末21世纪初被引入我国外语教学界（例如黄月圆、顾曰国，1996）。当时这一理念的引入对打破长期统治我国外语教学的"教师中心说"，纠正忽视学生需求、只顾教材进度的"满堂灌"起到了非常积极的推动作用。但"以学生为中心"理念的表述很容易引起误导，一方面易于将教师在课堂上的作用边缘化，另一方面又不适当地扩大了学生的作用。尽管教师被赋予促学者（facilitator）、帮助者（helper）、咨询者（consultant）等多种新头衔，但他们最重要的职责并未得到合理彰显；学生却被认为是教学目标、内容和教学进度的决定者、课堂话语的主导者，似乎教师只要为学生提供对子和小组互动的机会，学生通过互动，就能构建和掌握新知识

（例如 Collins& O'Brien，2003）。至于每节课的教学目标是否达成、学生在课堂上的学习效率等，反而不是教学关注的重点。目前这一理念在西方也遭到部分学者的批评（例如 Kirschner et al，2006）。从本质上说，"以学生为中心"的理念未厘清学校教育与社会学习的本质区别。学校教育是一种有计划、有组织、有领导且讲究效率的教育形式。无论是教学内容还是评估方式，都不可能完全由个别学生的兴趣或需求来决定。与"以学生为中心"的理念相区别，20 世纪 80 年代我国"教学论"权威王策三教授（1983）提出了"教师主导、学生主体"的原则（"双主"原则）。王教授认为，教师接受过专门教育训练，受党和国家的委托，他们能把控教学的方向、内容和方法。与此同时，学生的主体作用也不能否定，因为"学"必须是学生独立自主的行为，教师无法包办替代。"学习中心说"主张教学必须要实现教学目标和促成有效学习的发生，因此 POA 认为该原则比"双主"原则更简洁明了，更准确地反映了学校教育的本质。课堂上的活动可以有多种形式：教师讲授、小组讨论、对子活动、个体展示、小组展示等，不同的形式服务于不同的教学目标，关键在于教师要选择实现教学目标的最佳形式。

教师教学主要在课堂上进行（鲍建生等，2005），而课堂教学时间极其有限，特别是在当前大学外语教学的课时被压缩的前提下，教师更要惜时如金，将时间都用到学生的有效学习上。从这个角度出发，POA 在设计每一个教学环节或任务时，首要关注的是学生能学到什么，而不是简单地观察谁在课堂上说话（例如 Mercer& Dawes，2014）、个谁在发挥主导作用。POA 提倡的"学习中心说"主张课堂教学的一切活动都要服务于有效学习的发生，挑战的是目前国内外流行的"以学生为中心"的理念。

2. "学用一体说"（Learning- using Integrated Principle）

POA 主张边学边用、学中用、用中学、学用结合。换句话说，POA 提倡输入性学习和产出性运用紧密结合，两者之间有机联动，无明显时间间隔。POA 不反对使用教材。事实上无论何种科目的学校教育都要依托于教材（钟启泉等，208）。然而如何用好教材取得良好的教学效果，这是问题的核心所在。目前在我国外语教学中，教学一般从教材中的课文整体入手，引导学生了解文章结构及其传递的主要信息新课文的教学环节有"热身"、快速阅读、分析文章结构、梳理主题思想、分析语言难点和赏析写作技巧等。课堂上师生或生生互动频繁，但这种互动很少为学生提供连贯表达语言的机会。课文串讲结束后，逐一完成课文后面的多种练习。这种教学方式的突出弱点是，教师误把教课文作为课堂教学的目标，而不是作为培养学生综合运用英语能力的工具。如此做法，输入与输出就有较长一段时间差。特别是在目前课堂教学时间有限的情况下，不少教师反映，教材内容刚刚处理完，有的还来不及教完，就要进入新单元的学习，根本无法腾出时间培养学生的产出能力。其结果是，学生虽然积累了不少接受性知识，或者称之为惰性知识（inert knowledge）（Larsen-Freeman，2005），但这些知识不能自动转化为产出能力，进而用于日常交际（文秋芳，2014a）。POA 提倡的"学用一体说"主张在课堂教学中，一切语言教学活动都与运用紧密相连，做到"学"与"用"之间无边界、"学"与"用"融为一体。学生不再单单学习课文，而是以课文为手段来学习用英语完成产出任务。目前大学英语的教学质量受到全社会的关注，不少人抱怨学了 10 多年英语，还是开不了口。如果采用"学用一体说"，无论英语水平高还是低的学生，都应该能用英语做事，其差别不在于能不能做，而只是做事的复杂程度不同。从这个意义上说，大学外语教学中就不会出现"哑巴"英语。在 POA 倡导的"学用一体说"中，"学"指的是输入性学习，包括听和读；"用"指的是"产出"，包括说、写与口笔译。该假设针对的是"教材中心""课文至上"及教学实践中出现的"学用分离"弊端。

3. 全人教育说（Whole-person Education Principle）

教育要为人的全面发展服务，就需要顾及人的智力、情感与道德等各个方面。具体而言，外语课程不仅要实现提高学生英语综合运用能力的工具性目标，而且要达成高等教育的人文性目标，如提高学生的思辨能力、自主学习能力和综合文化素养等（教育部高等教育司，2007）。长期以来外语课程是否要坚持"全人教育说"一直是个有争议的问题。有学者认为，外语课程的工具性目标应该占主导地位，例如蔡基刚（2012：174）认为"大学英语主要不是一门素质教育课程，提高学生人文素质修养不应成为大学英语教学的主要目的"。当然更多的学者赞成工具性与人文性目标并重的看法，主张全人教育（杨忠，2007；王守仁，2011、2013；王海啸、王守仁，2011）。需要强调的是，POA 虽然坚持"全人教育说"，但这并不意味着人文性目标的实现需要占用额外的课堂教学时间（文秋芳，2014）。事实上，只要教师认同"全人教育说"，他们即使不占用课堂时间，也能通过下列三种手段实现人文性目标。

第一，认真选择产出任务的话题。POA 认为有利于人文性目标实现的话题可分为两大类：①有利于学生树立正确的世界观、人生观和价值观；②有利于培养学生中外文明沟通互鉴和传播中国文化的能力。换句话说，一类话题围绕的是如何促进学生个人健康成长，另一类话题围绕的是如何使学生担负起推动中外文化交流的社会责任。

第二，精心选择为产出任务服务的输入材料。教师一方面挑选思想境界高、弘扬正能量的语言材料，用于陶冶学生的情操，帮助建立正确的思想价值体系；另一方面挑选反映国内外社会和政治热点话题的语言材料，用于培养学生的家国情怀，拓宽学生的国际视野。

第三，巧妙设计教学活动的组织形式。例如教师可以通过对子或小组活动培养学生的互助合作精神，也可以通过学生互相评价产出成果来提高学生客观评价他人优缺点的能力。POA 认为语言教育面对的是人。人是有情感、有思想的高级动物。我们不能将教育对象视为流水线上的产品或听任摆弄的机器人。

（二）教学假设

1. 输出驱动假设（Output-driven Hypothesis）

　　Krashen 的输入假设（Krashen，1985）将输入视为二语习得的决定性条件。"输出驱动"主张产出既是语言学习的驱动力，又是语言学习的目标。产出比输入性学习更能激发学生的学习欲望和学习热情，更能取得好的学习效果。换句话说，教学中以产出任务作为教学起点，学生尝试性完成产出任务后，一方面能够意识到产出任务对提高文化素养、完成学业和改进未来工作的交际价值，另一方面能够认识到自己语言能力的不足，增强学习的紧迫感。该假设相信，一旦学生明确了产出任务的意义和自身的不足后，会更积极主动地为完成产出任务而进行输入性学习，以弥补自己的不足（文秋芳，2014b）。Krashen 的输入假设忽略了输出的作用；Swain 的输出假设（Swain，1995）在认可输入作用的前提下，补充说明了输出不可或缺的四大功能：①强化语言的流利度；②验证语言假设；③提高对语言缺口的意识程度；④培养元语言能力。然而她未明确提出在不同阶段，学习要以输出来驱动输入的学习。Long 早期的互动假设（Long，1983）强调互动可以提供输入的可理解性，后期修订过的互动假设（Long，1996）补充说明了在活动过程中纠正性反馈（corrective feedback）有利于学习者习得正确的语言形式，但他也未揭示输出对输入的反作用。输出驱动假设借鉴了前人对输入和输出在二语习得中作用的阐述，所不同的是，颠覆了"先输入，后输出"的常规教学顺序。取而代之的是输出—输入—输出。

2 输入促成假设（Input-enabled Hypothesis）

　　经过多次观察大学英语教学的课堂，发现有些教师遵循"学生中心教学法"，首先给学生布置一项产出任务，然后组织对子或小组讨论，或在全班开展"头脑风暴"，在集思广益的基础上再进行产出任务的练习。这些教师相信学生通过积极参与知识构建的过程，能够互相学习、取长补短。输入促成假设提出，在输出驱动的条件下，适时提供能够促成产出的恰当输入与不提供的相比，前者能够取得更好的学习效果。这样的方式确实能够激活学生已有的知识和语言点，增强运用语言的流利性，在一定程度上也能从其他学生身上获得新知识点或新语言点，但如此学习的效率受到明显限制，因为学生之间的差异毕竟有一定的限度，同时这种学习好比日常生活中的自然学习，需要学习者有高度的自我学习意识。如果在学生互动交流的基础上，教师又能够提供恰当的输入材料，这些材料就能起到"专家引领"的作用，有效拓展学生现有的知识与语言体系，将产出水平推向一个新高度。

3. 选择性学习假设（Selective Learning Hypothesis）

根据心理学理论，无论是课堂学习还是日常学习，成功学习者总是从接触到的多种信息中选择重要信息进行处理、记忆，而不是不加区分地进行全面深度加工（Hanten et al，2007）。这个道理其实很简单，人在同一个时段的注意力和记忆力总是有限的。如果焦点不集中，有限资源分散在多个焦点上，学习有效性自然不会高。"选择性学习"指的是根据产出需要，从输入材料中挑选出有用的部分进行深度加工、练习和记忆。该假设认为选择性学习比非选择性学习更能优化学习效果（Hanten et a，2007；Miyawaki，2012）。传统的"精读"教学模式属于非选择性学习，即将课文中出现的所有语言现象不加选择地进行加工，期待学生掌握课文中的一切新知识。这种学习方式在特定环境中具有一定价值。例如，在我国20世纪90年代以前外语输入极其贫乏的时期，采用这种"精读"学习能够最大限度地发挥有限输入的作用。但现在学习外语的条件有了很大改善，特别是英语，输入几乎无处不在。只要想学，随时随地都能找到大量材料。在面对大量学习项目而课堂教学时间又非常有限时，学生必须进行选择性学习。此外，选择性学习假设也具有社会"真实性"。在实际生活中，人们经常在产出任务的驱动下去寻找输入材料，如撰写论文、准备会议发言稿等都需要寻找大量参考文献。人们在面对多种参考材料时，总是择其有用部分为自己服务。如果采用非选择性学习，从头到尾仔细加工，必然费时耗力，且收效不高。

第二节　信息化环境下"产出导向法"教学模式探索

探究信息技术和大学英语教学有效整合的教学模式是信息化大学英语教学的核心，尤其是将信息化教学与POA相融合。大学英语课堂教学优化研究是大学英语教学改革中一个亟待解决的热点问题，它直接关系着教改的成功与否。信息化环境下科学有效的个性化学习方法和教学方法是大学英语课堂教学优化的重要内容，是提高大学英语教学质量和效果、提高我国大学英语教学实效的根本保证。目前比较有效的模式是传统教学与信息技术有机整合的模式。因为英语学习是一个复杂的认知过程，学生在学习过程中要有足够的时间和机会进行思考、感悟和体验。传统教学中有许多做法是值得肯定的，如要求学生动笔听写或记笔记，有人说写一遍胜过背十遍，这样的传统是不能丢的。只有那些传统手段无法呈现的部分用信息技术来呈现才会取得意想不到的教学效果。教师课前要做大量的准备，结合教学内容精选材料，易化教材，课上根据学生的水平进行演示，但必须解决好使用信息技术的量和度的问题，否则将事倍功半。当今社会，教育信息化已成为衡量教育现代化的一个重要指标。2010年，美国颁布了《国家教育技术规划2010》，题为"变革美国教育：以技术赋能学习"。规划中明确提出了以学习者为中心、以技术为支撑的教育思想，强调所有相关的课程资源、技术、人员等必须围绕学习者和学习活动展开（祝智庭、贺斌 2011：16-21）。而我国的《大学英语教学大纲》也明确指出要大力推进教育信息化进程，把教育信息化纳入国家战略——教育信息化已经成为全世界各国教育发展的目标。

根据外语教学的学科特点，信息化大学英语教学改革是促进大学英语教学质量提高的重要机遇。然而，信息技术与大学英语课程的融合并不等于完全排斥传统的教师课堂讲授，外语教学信息化的推进必须关注教师主导、学生主体作用的实现。王守仁（2009：5-8）认为，"把网络信息技术与外语教学课程整合，建立起适合外语教学的网络生态环境，有助于改进课程教学，提高教学质量。这个领域还有工作要做，需要大家继续实践和探索"。

从语言交际能力培养目标角度来看，我国英语教学长期存在"费时低效"的问题（戴炜栋，2001：132），大学英语课堂教学更是如此。随着课程整合的广泛开展，教师、专家、学者围绕基于计算机和网络的大学英语教学模式的实施进行了广泛的实验、研究与讨论。然而，绝大多数的研究都是围绕如何推行基于计算机网络的大学英语教学模式，对于"教改模式"是否切实可行、大学英语教学改革是否取得预期效果关注较少。针对学习理念和学习策略培养的学习者教育更没有得到应有的重视，人们更多关注的是学习内容的传授（content eaching），在很多情况下"以学习者为中心"（learner-centeredness）还仅仅是一个口号。计算机网络进入外语教育领域，必然使传统的教学模式、课程体系、教材等教学要素发生变化，导致教学理念、教学价值判断、评价标准的变化。因此，分析课程与信息技术整合过程中产生的不利因素、寻找构建大学英语课堂生态系统平衡的优化策略对外语教学非常重要。

生态系统是指在一定的空间和时间范围内，在各种生物之间以及生物群落与其无机环境之间，通过能量流动和物质循环而相互作用的一个统一整体，它是生物与环境之间进行能量转换和物质循环的基本功能单位。根据教育生态学理论，整个外语教学体系就是一种在一定空间内各要素与环境构成的自然、开放的大的生态系统，在大学英语教学生态系统中，各种教学要素在生存过程中相互作用、相互依存。信息技术辅助大学英语教学具有交互性、集成性、丰富性、非线性、诊断性、超媒体性，多媒体化、智能化、情境化、虚拟化等特点。网络环境下大学英语教学生态系统和传统的大学英语教学生态系统相比有其不可比拟的优势，但是在信息技术与大学英语教学整合的过程中，一些不协调因素导致大学英语教学生态系统的失衡。探讨大学英语课堂教学生态的特征和功能，解决大学英语课堂教学生态系统宏观及微观层面上出现的各种生态危机，特别是平衡课堂教学生态系统中出现的失调现象，使大学英语课堂教学生态系统中各要素拥有特定合理的动态生态位,相互间达成和谐,是构建动态平衡的大学英语课堂教学生态系统的关键。

构建信息化教学模式已经是大数据时代高校教学展开的基础。2012 年,联合国发布大数据白皮书"Big Data for Development: Challenges&Opportunities",明确提出大数据时代已经到来;国务院 2015 年 8 月印发《促进大数据发展行动纲要》的通知提出:"探索发挥大数据对变革教育方式、促进教育公平、提升教育质量的支撑作用"。近年来信息化教学模式研究已逐渐引起关注,"互联网+"被上升到国家战略层面,将其纳入 2015 年《政府工作报告》中,随后学术研究者探讨""互联网+"教育"。新媒体联盟与美国高校教育信息化协会联合发布的《2015 地平线报告高等教育版》阐述未来五年极有可能影响高等教育变革的棘手挑战是教育模式的竞争,此问题尚需更多数据分析和观点归纳来解决,这正是大数据急于解决的问题。大数据时代对人才的需求发生了深刻的变化,即未来的学习者应该是能够善于利用技术进行终身学习的创新型人才,其现存教学模式很难满足创新型人才培养的需求,故需变革和重构现有的信息化教学模式。通过分析国内外高等教育信息化发展脉络和演进轨迹发现,大数据时代的高等教育已经从强调平台即服务、软件即服务转向强调数据即服务的新范式。翻转课堂、MOOC 和微课程的兴起形成了海量的数据。如何有效利用大数据技术促进信息技术与教育教学的深度融合成为重要议题,即构建基于大数据的信息化教学模式具有积极的理论和现实意义。

传统教学模式可谓根深蒂固,传统教学主要依据奥苏贝尔的"学与教"理论,其内容涵盖"有意义接受学习"理论、"先行组织者"教学策略以及"动机"理论。教师按照自己的思路讲课,完成教学任务,学生处于被动接受的状态,缺少有效教学策略激发学生的学习兴趣,导致学生丧失了获取知识的能力和创新能力。但是教学目标单一,虽然传统教学效果快而明显,且易于教学开展。目前高校由于教育资源限制,人才的培养同质化现象严重。传统教学有教师的监督、情感交流,按照培养方法完成相应教学活动,但在一定程度上限制了学生创新能力的培养。而且以教师为中心的教学结构固定化,学习结果的评价标准模式化。高校信息化教学未能真正体现以学习者为中心,教学服务意识较差,应对不了学生群体的适应性需求,未能对个性化自主学习提供支持。传统教育评价的主体是教师,主要考核学生对知识的掌握程度,一般以学科知识考试的形式来进行,主要关注学习结果的评价,即学习结果的评价机制单一化现象严重,评价内容、评价方式单调,缺乏个性、多元和弹性,或者只能收集到片段的评价信息,缺乏可靠的判断依据而过于依赖经验判断或者主观评价。

而且信息化学习环境的质量及其可用性均有待改善。由于硬件、软件和管理维护问题,高校建设的实验教学中心和自主学习中心对学生学业的贡献度并不高,形成了"高科技、低效率"的尴尬局面。随着近期开放教育资源 MOOC 大量激增,清华大学推出国内首个可获得证书认证的 MOOC 项目，杭州师范大学已开展 MOOC 学分互认。MOOC 拥有了巨大的注册量，但课程完成率在 5%~10%。在信息化教学模式中，教师不是学生学习的唯一信息源；在信息获取的过程中，教师的主要作用不是直接提供信息，而是培养学生自己获取知识的能力，指导他们的学习探索活动；教师也不再像过去那样直接以知识权威的身份出现，而是要激发学生的学习动机，引导他们在精心设计的环境中进行探索，提高解决问题的能力。教师从传统课堂教学中的主讲者转变为组织者、指导者、帮助者和促进者，而不是说教者，改变了以教师讲授和课堂灌输为基础的劳动强度大、效率低的传统教学模式。因此，教师必须掌握较为丰富的现代教育技术基本知识与基本技能，培养信息素养，提高在一定的信息环境中，利用一定的信息技术解决工作、生活、学习中问题的能力；根据媒体的特点选择与应用不同类型的媒体，构建最有利于学生学习的教育资源平台。

由于 POA 特别重视对学生产出效果的评价，此时，老师就要在信息化环境下发挥导向作用。信息化教学，就要求要以大数据的眼光来分析研究教学方式，如何在信息化教学中实施 POA。从大数据思维的角度来看，数据即信息，信息即知识的来源。数据需要产生、积累、存储、挖掘、分析、运用、转换等，其过程是数据、信息、知识的转换和价值的转换，结合大数据在教育领域的应用现状，进一步剖析教育大数据的演变过程。原始的教育数据只是教育大数据的基础，通过对采集到的各种数据进行教育数据挖掘，构建高校信息化教学分析智慧模式，发现教育变量之间的关系，赋予数据相关知识意义，才能使数据变为信息；经过分析和综合，形成教育性知识；最后通过实践应用，教育性知识才能上升到智慧层次，为教学研究与处教学决策提供指导。

2015 年 9 月，教育部办公厅颁发《关于"十三五"期间全面深入推进教育信息化工作的指导意见》，根据文件中规定的十三五"教育信息化的基本原则，将大数据时代高校信息化教学模式改革的价值取向定位于数据驱动式教学，进而助推教学信息化、学习个性化、教学决策科学化、教学管理精细化。依据信息化教学模式的构成要素，采用大数据技术支持的数据处理过程，该高校信息化教学模式架构共阐释了三个问题：一是"大数据从何而来"，从各级教育大数据中来；二是"大数据如何而用"，采用大数据处理技术来分析；三是"大数据为何而用"，即为完善信息化教学模式而用。

根据"数据是灵魂资产、分析和挖掘是手段、发现和预测是最终目标"的指导思想，按照基于大数据的高校信息化教学模式架构，总结高校信息化教学模式的实施路径，四者之间相互联系、互为补充。

目前，信息化教学与 POA 的融合在大学英语教学中尚属于新视角，其落地生根是复杂的系统工程，需要国家、高校及教师都树立正确的大数据理念，推动信息化教学模式展开。一是从国家层面，根据对各层教育大数据的分析，按照大数据发展战略，制定相关的具体实施政策；二是学校的教育管理人员通过数据分析，哪些教育项目有利于提升学生的学习效果，从而进一步推广；三是培养教师"数据驱动教学"和"教学数字化"的理念，要求革新教育理念，构建基于大数据的人才培养目标。依据联通主义理念，将章节学习内容以知识图谱可视化方式呈现给学生，实现对知识的有效组织。

《国家中长期教育改革和发展规划纲要（2010—2020年）》指出："强化信息技术应用，提高教师应用信息技术的水平，更新教学观念，改进教学方法，提高教学效果。"教师是数据驱动教学的发起者和组织者，优秀教师是高等教育的宝贵资源，具备一定的数据挖掘基础知识是新常态下高校教师必备功课。

首先，大数据时代的教师应根据国家政策，按照学校要求，积极感知学习者需求，培养自身的信息检索能力、知识推理能力和特定知识聚合能力。教师自身仍需丰富知识储备，包括本体性知识、条件性知识与实践性知识，一般情况下将教师的信息化教学能力归于实践性知识范畴。其次，高校应通过构建教师共同体的方式，积极开展教师培训，教授教师如何在复杂数据中寻找具有教学价值的内容。教师在信息化教学环境中，既要进行信息化教学实践，更应当具备数据分析能力，以适应大数据时代所带来的教育变革。再次，教师作为学生和信息知识之间的主要媒介，需要适应大数据时代的要求，由"传道授业解惑者"转为"教学相长的引导者"。又次，在专业理论教学中，占据较少的课堂时间，鼓励学生借助各种网络资源，以任务驱动方式，采取翻转课堂的教学形式，将实践教学环节和工作岗位教育理念融入课堂教学中，将理论知识、实践教学、工作岗位实践为体，这是大数据时代培养学生的重点。最后，通过利用云计算整合教育资源，教师将工作重点转移到教学方法上，积极利用分组协作的方式，学生通过名师的教学视频学知识、学思维方式学问题解决方法，为构建学习型社会打下坚实基础。

利用大规模在线开放课程，构建信息化学习环境，保证数据来源的真实性。将传统集体授课与大规模在线开放课程（MOOC）相结合，充分发挥MOOC作用，对学生的学习内容、学习进程进行监控，记录学生的学习内容和学习行为。针对不同的学生个体，制订详细的课程教学计划，使学生按照适合自己的学习步骤进行学习，满足不同学生的需要，最大限度地提高学生的能力。

按照布鲁姆的学习目标分类理论，学习需求分为概念层次、理解层次和综合层次。在MOOC学习环境下，当学习者处于初学阶段，提供基础性的、概要性的、结构良好的知识。随着学习者的不断深入，对各层次知识进行分类和聚类，寻找关联规则并可视化处理。然后将具有相同兴趣爱好的人在学习社区中发动起来，促进学习者的知识进化与价值增值。

首先，改造现有学校课程教学系统：数字资源具有零复制成本特性，即建成后的数字资源，享用的人越多，数字资源的价值越彰显，而且可在不增加投入的情况下自动发挥增值效应。完善现有的学校课程教学系统,增加名师教学视频,网络测试题库系统等,规范化地记录学生学习信息。其次,充分利用国内主流MOOC平台:学堂在线与中国大学MOOC平台等都推出了多门优质课程,其授课教师来自国内985高校,充分利用国内重点高校的教学视频资源,实现跨校的学习交互,从而促进学习者的自主建构知识体系。最后,按照学校的要求,联合企业共同研发符合教学实际的课程教学系统。实施以学生为中心的教学结构,开展个性化教育。大数据改善学习的三大核心要素是反馈、个性化和概率预测。信息技术促使信息化学习环境的剧变引发学习方式变革,激发学习者新的信息需求。学习者的学习活动演变成了高度协作的社会建构活动,学习者需求逐渐由过去的被动接受过渡到定制式的个性化服务。MOOC与翻转课堂能够实现个性化学习构建,学生的笔记、作业、实验、讨论记录等,包括结果性数据和过程性数据,监测个体学习轨迹和过程用这些数据分析出更多、更精确的数据,可为个性化学习提供坚实的支撑。提供配套信息服务,开展个性化学习资源推送和学习路径导航。信息服务是以信息资源为基础,利用各种方法或技术手段对信息进行收集、整理,使用并提供相关信息产品和服务的一种活动。大数据环境下的学习过程不在遵循传统的学习活动序列,学习内容也不固定在指定的教材,信息服务方式也需朝着个性化服务方向转化。随着各类学习资源的大量激增,需将海量学习资源有效聚合、转移和流通。信息化教学模式的展开必须具备一定的环境条件:首先,要有实施多媒体教学的媒体设备,包括计算机、投影仪与音频设备等。其次要具有运行稳定的校园网络,目前各个高校都已实现光纤接入,能保障高清视频的流畅播放,使学生能够随时上网学习。再次,计算机、平板电脑及手机能完成视频课程的学习。最后,如何在海量教学资源中,找到适合学习者的学习资料。有两种解决方案,一种是"人找资源"的主动搜索;另一种是"资源找人"的信息推送。将海量学习资源有效聚合、转移和流通,从教育数据中挖掘出能满足其需求的学习资源,为其提供自适应、个性化的信息资源推送服务。信息化教学模式对教学资源的准备、丰富程度和质量要求高。信息化教学模式的教学效果与信息化教学资源的丰富性、多样性、质量有关。因此,教学管理部门要将教师在现代化教学上的责、权、利统一起来,以推进现代化教育进程。要制定一系列的政策与措施对教师的个人教学资源库与教学网站进行立项,并提供一定的经费给教师进行建设和维护,并在优秀教师的评选上、教学成果评定上、职称评定上等给予政策上的倾斜,逐步形成一个网上资源大家建、大家管、大家用、大家评的良好局面。

第三节　信息化教学模式与"产出导向法"教学理念的契合

在信息化教学模式与"产出导向法"教学理念的契合方面，首先我们可以看一下POA的理论体系，如图7-1。

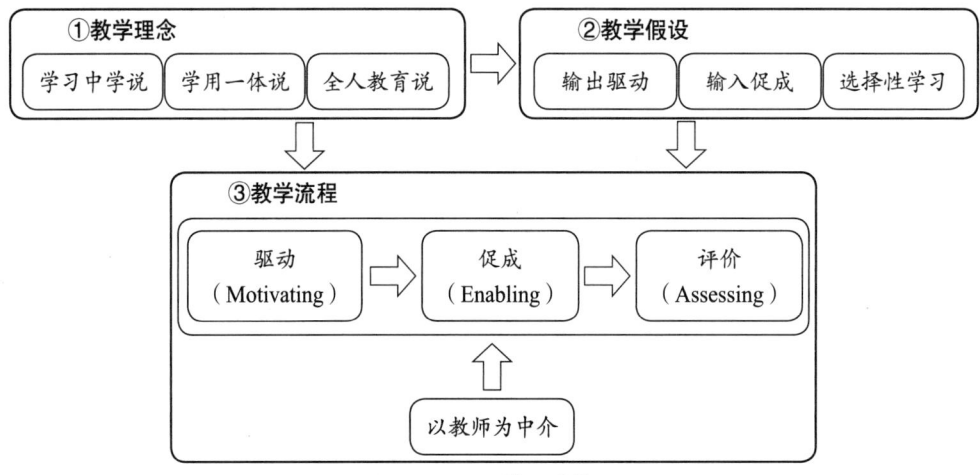

图7-1　POA的理论体系

这幅图说明了POA理论体系的三个部分及其关系。"产出导向法"即POA的教学理念之前谈到过，就不再赘述，这里我们主要探讨一下信息化教学模式与POA的契合。

信息化教学模式是一种符合现代教学思想的新型教学模式，是根据现代化教学环境中信息的传递方式和学生对知识信息加工的心理过程，充分利用现代教育技术手段的支持，构建一个良好的教学平台，调动尽可能多的教学媒体、信息资源开展教学活动，在教师的组织和指导下，充分发挥学生的主动性、积极性、创造性，使学生能够真正成为知识信息的主动建构者，达到良好的教学效果。其教学理念的变化主要表现为：

（1）教学目的的核心由"掌握知识、传授技能"到"学会学习、学会生存"。人在数字化社会中如何学会把握网络中的海量信息，成为信息社会的主体而不是网络的附庸，这是人所面临的新挑战，进一步说，就是人在信息社会中如何利用资源、如何生存的问题，并且还是终身的、无时无刻地。因此，"学会学习、学会生存"成为网络时代教育教学的基本任务之一。

（2）教学过程的理念由"被动接受、支配学习"到"自主建构、创造学习"。在学习过程中，强调学生是信息加工的主体，学习者在一定的环境下，借助他人的帮助，利用有效的学习资源，主动通过意义上的建构方式获得知识，实现自主、创造性的学习，达成教学目标。网络教学就是在以网络信息技术和建构主义教学理论整合而成的"数字化"

教学环境中，在教师的引导和帮助下，获得各种指导和学习资源，进行有效的学习而达到教学目标的活动过程。

（3）师生关系的主线由"主导、从属"到"交互、协作"

教学活动是由教师和学生共同参与的双边实践活动，在信息化教学模式下，教师和学生的地位和相互关系发生了较大变化，师生之间的自主、实时交互以及信息的即时交流大大增多，教师与学生比较容易形成"一对一""一对多"或"多对一"的双向互动。在这种双方有计划、有目的、主动性的交互过程中，师生之间很容易沟通和达成共识，也能够相互信任，形成和谐合作的教学关系实现教学目标。从教学过程来说，教师和学生之间由单向传授向双向传授转变。

（4）课程的中心由"封闭单一、资源局限"到"开发资源、共享资源"

在信息化教学模式中，尤其是在网络教学环境下，传统的教学内容结构受到强大冲击，那种封闭性、单一性和脱离实际的课程体系将被开放、综合、发展的课程体系所取代，由过去以课堂教学内容、教师的经验以及学生的接受和理解为主的课程，转变为一种具有开放性和共享性教学资源为主的课程。这种课程的特点有以下几个：一是开放性。教学资源面向网上所有师生，师生不仅有使用的权利，更重要的是有了参与教学资源开发，不断提高资源质量的义务和责任，成为教学资源建设的重要生力军；二是教学内容呈现形式的非线性。众多不同形式的资源可以从不同的途径获取，教学内容具有结构化、动态化、形象化的特点，这种呈现方式给不同知识间的融合、学科间的交叉和整合带来了很大的便利。三是课程的拓展性。整合了现代教育技术的课堂不再局限于知识的传授，而是特别注重学生个体的感知和体验在课程发展中的作用，鼓励学生的探索和创造，课程的组织不再囿于学科界限，而且在教学过程中，还可以根据教学的需要随时调整。

（5）教学环境的主旨要坚持"师生为本，学为中心。

信息化教学是一种先进的技术与教育相结合的产物，在这种教学环境建设中要更加注意对人的关怀，防止使人变成技术的奴隶而失去人性，从而也失去教育教学的本质性。因此，在网络教学环境建设中应坚持人本主义思想，注意加强人文氛围的营造，在数字化的空间里构造良好的人际环境。

它具有如下几种特点：

①信息源丰富、知识量大、有利于情境的创设。现代教育技术手段为课堂教学所提供的教学环境，使得课堂上信息的来源变得丰富多彩，教师和课本不再是唯一的信息源，多种媒体的运用不仅能够扩大知识信息的含量，还可以充分调动学生的多种感官，为学生提供一个良好的学习情境。

②有利于提高学生学习的主动性、积极性。现代教育技术手段的加入尤其是多媒体计算机和网络的加入，教师的主要作用不再是提供信息，而是培养学生自身获取知识的

能力，指导学生的学习、探索活动，让学生主动思考、主动探索、主动发现，从而形成一种新的教学活动进程的稳定结构形式。在整个进程中，教学媒体有时作为辅助教学的教具，有时作为学生自主学习的认知工具，教材既是教师向学生传递的内容，也是学生主动建构的对象。可见，这样有利于提高学生学习的主动性和积极性。

③个别化教学，有利于因材施教。计算机的交互性，为学生提供了个别化学习的可能，学习可以通过多媒体技术完整呈现学习内容与过程，自主选择学习内容的难易、进度，并随时与教师、同学进行交互。在现代教育技术手段所构造的教学环境下，学生可逐步摆脱传统的教师中心模式，学生由传统的被迫学习变为独立的主动学习，在学习过程中包含更多的主动获取知识、处理信息、促进发展的成分，有利于因材施教。

④互助互动，培养协作式学习。计算机网络特性有利于实现培养合作精神，并促进高级认知能力发展的协作式学习。在网络的帮助下，学习者通过互相协同、互相竞争或分角色扮演等多种不同形式来参加学习，这对于问题的深化理解和知识的掌握运用很有好处，而且对高级认知能力的发展、合作精神的培养和良好人际关系的形成也有明显的促进作用。

⑤有利于培养创新精神和信息能力的发展。多媒体的超文本特性与网络特性的结合，为培养学生的信息获取、信息分析与信息加工能力营造了理想的环境。众所周知，互联网是世界最大的知识库、资源库，它拥有最丰富的信息资源，而且这些知识库和资源库都是按照符合人类联想思维的超文本结构组织起来的，因而特别适合学生进行"自主发现、自主探索"式的学习，这样就为学生发散性思维、创造性思维发展和创新能力的孕育提供了肥沃的土壤。其建构原则是：

1）明确以学生为中心。包括在学习过程中充分发挥学生的主动性和创造性，让学生有各种机会在不同的情境下去应用他们所学的知识；让学生能根据自身行动的反馈信息，来形成对客观事物的认识和解决实际问题的方案。

2）强调情境对信息化教学的重要作用。学习总是与一定的社会文化背景相联系。在实际情况下进行学习，可以使学生利用自己原有认知结构中的有关经验，去赋予新知识以某种意义。

3）强调协作学习的关键作用。协作学习环境及学习者与周围环境的交互作用，对于学习内容的理解起着关键性作用。通过这样的协作学习，学习者群体的思维与智慧就可以被整个群体共享。

4）强调对学习环境的设计。学习环境是学习者可以在其中进行自由探索和自主学习的场所，它意味着学习者有更多的主动与自由。

基于先进教育思想的校园网的学校在教学模式上将有一次大突破：教学活动的四要素——教师、学生、媒体和教学内容之间的关系将发生变化，学生的主体地位将大大强化，教师主要是学生学习的指导者；教学过程中采用的多媒体、网络技术，既丰富了教学资源，又激发了学生的学习兴趣，还提高了教学质量；学习将越来越成为学生主动追寻的乐趣，教学也将越来越是一种多姿多彩的人类活动方式。

信息化教学模式的类型之前提到过，总地来说可以分为四种：

（1）讲授型模式。在以往的教学过程中，最普遍、最常用的教学模式是以教师为主，教师讲、学生听的单向"灌输"的传统讲授型模式。装备了信息化设施的学校对传统讲授型模式的突破在于：首先是教学手段的改变，不再像以前那样以教材、黑板、粉笔为手段，在课堂教学过程中，教师讲授的材料通常是过多媒体、校园网提供和呈现的，包括文本、声音、图像，甚至还有一些视频内容；其次是这些手段的应用，极大地丰富和增强了教学内容的表现力和感染力，能充分传达教学意图；再次是可以随时调用组合的文本、图像、声音动画，使教师进行真正以学生为中心的情景式教学具备了实现条件。可见，信息化为讲授型模式赋予了新的内容。

（2）个别辅导模式。顾名思义，个别辅导只有在学生完成自主学习之后进行，否则，既无"辅"的前提，也无"导"的基础。传统的教参、教材等教与学工具难以自在、单独地帮助学生完成自主的学习过程，更谈不上进行辅导。信息技术则给学生一个集成化的学习环境，如多媒体学习系统、辅助学习工具、实践环境、师生交互环境等，使学生完全有条件并且能够完成自主学习的全过程，而后教师根据学生的不同要求进行个别辅导。这里的个别辅导与传统意义上的个别辅导存在着质的区别。传统的个别辅导是教师在讲授之后，对于个别学生没有听懂的问题的一种指导；新的个别辅导是在实行以学生为中心的教学过程中，为了满足个性化、交互式学习要求，教师通过 CA 软件或师生 E-mail 在学生自行建构知识的意义中实行的一种引导。

（3）讨论与探索模式。讨论模式是古已有之的，只不过传统的讨论模式也是作为一种辅助的教学方式，而且由教师以权威者的角色组织，问题由教师提出，学生利用从教师与书本资料获得有关讨论的知识信息，往往得出教师暗示、预设或直接指出的统一结论，很难达到讨论的真正目的。信息化校园则可以为学生提供形式多样、内容丰富、大容量、交互性的供讨论便捷使用的学习资源。虽然教师的权威在其中有所削弱，但有利于学生根据讨论主题的需要，从充裕的资源库中自由取用信息；有助于在教师的引导下，通过讨论实现教师和每位学生的思想和智慧为群体所共享；有益于整个讨论群体共同完成对所涉及问题的意义建构，从而更符合学生的认知发展规律。探索模式同样不是教学领域的新概念，只是传统的探索模式仅仅针对少数"精英""尖子"或以"画饼充饥的方式向全体学生述说一种观念上的可能性。而具有不言而喻优势的基于信息技术的学习资源，则为所有学生进行探索学习提供了现实的可行性。它既确保每一个学生能快速、平等地获取所需信息，又为教师节省了以前用于传授知识的时间、精力。

（4）合作模式。合作模式是指教师通过计算机网络和多媒体等教学信息技术向学生提供不同序列的学习内容，多个学生对同一专题展开彼此交流、互动和协作，达到对教学内容比较深刻的理解和全面的把握，从而使学生的智能得到发展。可以肯定地说，现代教学信息技术在教学过程中将催生伙伴式、角色扮演式、竞争式、协作式等类型的合作模式。①伙伴式。现实的学习生活中，学生常常喜欢与自己的同学一道做作业，没有问题时单独进行，遇到问题时便相互讨论，从同学那里得到帮助。然而有时由于想约的同学有事或课后回家空间太小等时空限制，这种有效的方式不能成行。但校园网中的同伴学习软件系统弥补了可能的缺憾，它使学生无论在何时何地的学习过程中都不再感到孤独，而有一位"伙伴"与之相互支持，一旦出现问题，随时可以讨论。②角色扮演式。计算机、多媒体向学生提供的各种各样情景和信息资源以及人机交互条件，可以使学生逼真地模拟各种角色，增进实际经验，加深对问题的理解。③竞争式。借助计算机网络，教师向两个或多个学生提供同一学习内容或学习情景，学生在网上进行竞争式学习，比赛谁先达到教学目标的要求。由于与竞争自然伴随的学习动力，促使学生全身心地投入到学习过程中去，终将收到良好效果。④协作式。现有的校园网络技术允许在校园网上设置专供交流和协作的协同学习系统与"公共工作区"，在学生共同完成某个学习项目时，人人发挥各自的认知特点，相互争论、相互提示、相互启发或分工合作，在所有参与者紧密沟通、协调合作的过程中，形成对知识较为完美的理解、领悟和掌握。

通过比较，我们可以发现在大数据时代，信息化教学模式与POA的教学理念是可以完美融合的，新型教学理念搭配新型教学模式才是新时代的大势所趋，不仅与时俱进，而且更加适应社会发展、教学进步。

但有些问题也是值得我们注意与警醒的。我们知道任何一个新生事物的发始都会带来一些难以抵抗的问题，这种师生合作机制也是如此。

随着教育信息化的发展，基于计算机和网络的课堂教学以及基于网络的学生自主学习已成为大学英语教学的重要组成部分。同时这也改变了师生双方的角色、形象、地位，造成了师生对话合作机制的失衡。首先，师生之间的教学活动功利化，学生在课堂之外随时随地都可以学习英语，在课外课内与英语教师的交流只不过是为了获得学分；其次，教师权威受到挑战，教学资源的极大充实与便利对大学英语教师提出了额外的技术要求、削弱了外语教师存在的传统地位；再次，为适应信息化发展而采取的大班英语授课制，混合专业的选课制以及信息技术本身的虚拟性加剧了外语教学中师生之间、生生之间的情感疏离。这种不协调的机制严重影响了大学英语课堂的教学质量，阻碍了大学英语课堂信息化改革的发展与深化。

究其失衡的原因：

1）教师教学理念、信息素养落后于信息技术的发展。

在外语教学信息化改革的过程中，很多教师没有转变教学理念，提升信息素养，信息化语境下的自身角色定位不准确。在外语课堂去教师中心化的过程中，有的教师过分放大了学生的主体地位，没有积极发挥教师引导者的作用，结果造成本身外语自主学习能力差的学生学习中毫无目标、自由涣散，跟不上进度。有的教师对于外语教育信息化的理解片面，他们认为外语教学信息化就是信息技术与语言教材的简单相加，没有去研究信息化语境下的外语教学应该采取的教学模式及教学方法。在自身的教学中，课件取代了教材，上课主要就是教师讲授课件内容，这与传统的以教师为中心的教学模式无异。还有的教师过于依赖信息技术。他们为了充分利用网络资源，把各种信息填进自己的课堂，学生根本无法消化；或者为追求课堂的趣味性，过多地使用多媒体音影、图像，耽误上课正常进度，分散学生的注意力，导致过犹不及的教学效果。部分英语教师信息技术的应用能力不强，在信息技术面前，表现出自信心不足，不愿意去接触和学习新的信息技术，有时甚至逃避使用等。教师教学理念、信息素养滞后与信息化的要求构成了矛盾，进而严重影响了师生对话合作机制的平衡发展。

2）学生学习理念、网络学习能力落后于信息技术的发展。

基于信息化的大学英语教学改革目标是培养具有较高听、说能力的应用型人才，强调听说教学，学生的自主学习。然而学生刚刚进入大学，习惯了传统的教师课堂讲解的形式，没能及时改变传统的学习方式，接受新的教学理念，适应新的教学模式，自主学习能力缺失等。调查显示，部分学生外语学习目标功利化，学英语只是为了考个证，以便于将来就业，对于教师所提倡的口语教学，网络自主学习根本不认同，甚至持抵触的态度。大部分大学生的外语自主学习意识不强，学习动机水平不高，自我效能感差，面对海量的网上资源，无从选择。部分学生在外语教师提倡的以学生为中心的教学模式中网络迷航，他们更感兴趣的是玩游戏、网上聊天、看与上课无关的视频。英语学习效果差，这种失败的体验不断加重学生的焦虑感，反过来又影响着英语学习效果，严重影响了师生之间的良性互动。

3）大学英语教学条件落后于信息技术的发展。

基于信息化的大学英语改革自推行以来，很多学校都认识到了计算机网络的教学优势，大学英语课堂教学基本实现了多媒体化，建立了语言实验室、校园网、学校电台、机房，有的学校还应用了第三方语言学习平台，学校硬件环境有一定改善。但是计算机硬件配置、网络条件和教学资源等教学配套设施都还不足以支持大规模的外语教学活动。学生自主学习的教学资源或者是纸质教材的重复、难易度、设计不适合网络自主学习的模式等。而且大多数学校的语言实验室因为各种原因只供英语专业的学生使用。而第三方学习平台能够自动记录学生网上自主学习的过程信息，但是需要教师时刻监测统计，耗时、耗力。

这让本来教学任务就很繁重的大学英语教师懈怠。缺乏技术的准入途径，是影响师生对话合作机制平衡发展的一个外部障碍。

由此，为了克服这些问题，我们可以采取一些措施，比如，提高师生信息素养。师生信息技术素养是决定基于信息化的大学英语教学改革能否取得成功的关键因素之一。一方面，首先师生应明了信息化是外语教学的必然趋势，积极主动地学习信息技术知识，提升自己的信息技术应用能力；另一方面学校教学管理层应加大教师信息技术能力成长方面的投入，创造机会让大学英语教师接受信息化技术培训，而不是大学英语教师自己去摸索，这样只会让教学科研任务繁重的大学英语教师懈怠；可以制定公开透明的信息化教学激励政策，对于教学时间之外的网络教学、网络管理和网络交互的工作量进行奖励，鼓励广大教师充分利用信息技术进行教学和管理，以此增强广大教师使用信息技术的主动性、积极性和自信心。另外，应对学生开设专门的课程进行专门培训，或通过任课教师的引导，让学生了解信息化学习的趋势、怎样进行信息化学习以及如何甄别信息资源等问题。此外教师可以制定相应的评价机制、监督机制和奖励机制来进一步引导和规范学生的信息化学习行为。

转换教师角色。信息化语境下随着以教师为中心的课堂逐步演变为以学生为中心的课堂，师生对话合作机制的良性互动需要大学英语教师主动转变自身的角色。从课堂主导者转变成为课堂引导者、设计者、整合者、协调者、监管者、合作者、评估者、反思者。根据教学目标，进行教学设计，思考网络环境下具体的教学内容、教学过程、教学组织形式、教学方法和教学评估，对网络环境下的各种良莠不齐的英语教学资源去伪存真、有效整合，建立信息化大学英语学习资源库；利用信息化的优势，采用师生问答、角色扮演、小组讨论、辩论、演讲等方式，设计和组织任务型、交际型、合作型、情境型课堂，与学生一起合作完成一些课堂教学任务，鼓励学生进行体验式学习；同时对学生的学习活动要有效监管，强化网络自主学习管理；研究信息化语境下的外语学习策略，指导学生多采用积极的学习策略，有意识地降低学生的语言学习焦虑，在潜移默化中激发学生的学习动机；此外，对自己的教学活动及学生的学习效果要有过程性评估，坚持以鼓励为主的原则，随时反思教与学的不足，调整教学。大学英语教师不仅要正确认识到学生在实际教学活动中的主体地位，也要尊重学生的不同个性与创造性，营造师生之间平等友好的关系，促进师生之间的良性互动，以取得最佳英语学习效果。

提高学生自主学习能力。信息化语境下外语教学中的学生不再只是知识的被动接受者，而是信息的加工者、知识的探索者、体验者和变动构建者。学生必须提高被动学习的意识，积极调整自己的语言学习观，培养自我规划的能力和习惯、自我控制的能力和习惯、自我评估的能力与习惯，主动参与各种课堂活动和网络自主学习，主动与教师、他人合作完成学习任务，主动融入信息化的大学英语课堂。提高自身网络自主学习能力，利用网络的优势，主动和教师建立平等和谐的师生关系；在外语学习过程中学会换位思考，只有做到了尊重和理解师生关系才会得到良好的发展。在与教师的交往互动中真正地提升自己的主体性。师生合作是外语教学活动中最基本也最重要的组成部分。只有提高师生信息素养，转换教师角色，学生自身定位正确才是构建和谐互动的师生对话合作机制的关键，才能有效提高英语课堂的教学效果。

当然，合作学习有其优点，但它也与自主学习在某种程度上相矛盾，我们要把握好当中的"度"。自主学习和合作学习能够结合应用，是因为它们拥有共同的理论基础，主要包括建构主义心理学和人本主义心理学。二者都特别强调以学习者为中心的学习理念，人本主义侧重学习者的情感和意愿，而建构主义强调学习过程的主体地位。自主与合作学习，在学习过程中，充分调动、激发学习者主动性，培养学习者主动建构知识、理解概念和原理、解决问题矛盾的能力。合作学习还包括了群体动力理论、动机理论等。因此，合作学习的过程又是通过人际间的协作关系，互相帮助，达成共同的学习目的。要在合作学习团队中发挥积极作用，达到团队的共同目标，为整个团队负责，合作学习同样要求学习者拥有主动学习的态度，对自我及团队的学习负责，并具有良好的独立学习能力。从这点上来说，合作学习积极地促进学习者的自主学习。从自主学习的基本内容来看，自主学习者在发挥主体能动性的同时，离不开其他客体的帮助，其中就包括来自同伴的支持。来自同伴的力量不仅限于同伴的关心与鼓励，与同伴的协作与交流更是"支持"的一种重要形式。正如数学家 Littlewood 所言，自主学习并不是"独自地""孤立地"学习，它兼具"个体性"和"社会性"特征。社会性可理解为在学习过程中与他人的交流、协商和合作，它们是发展学习者自主学习能力的重要因素。因此，合作学习又是培养自主学习能力有益的补充。

第四节　基于"产出导向法"的 ESP 教学设计及实践

一、教学设计

POA 的教学流程涵盖三个阶段：①驱动（motivating）；②促成（enabling）；③评价（assessing）。这三个阶段都必须以教师为中介。这里的中介作用具体表现为引领（guide）、设计（design）、支架（scaffolding）作用等。

1. 驱动

"驱动"包括三个环节：①教师呈现交际场景；②学生尝试产出；③教师说明教学

目标和产出任务。传统外语教学开始一个新单元时，通常由教师组织"热身"（warm-up）"导入"（lead-in）活动，以激发学生学习新课文的兴趣或者激活学生已有的背景知识。不管采用何种形式，目的都是为了更好地学习课文。从这个意义上说，这样的"热身"活动都是为后面学习课文做铺垫，或者说是为更好地接受输入做准备，而不是激发产出的欲望。与传统教学方法不同，POA将产出的"驱动"置于新单元的开头。

POA试图在新单元学习之前，就明确向学生呈现他们在未来学习和工作中可能碰到的交际场景和讨论的话题。第一个环节"教师呈现交际场景"是POA最具创意的部分。这些场景学生虽未经历过，但他们能真实感受到这些情景存在的"可能性"及在这些场景中所要讨论的话题对其认知的挑战性。第二个环节"学生尝试"，让学生亲身体验到，完成这样看似简单、平常的产出任务并非易事，日后可能因此而出现尴尬或陷入窘境。此时他们内心会产生一种学习的压力和动力。这就是教师有意在为学生制造"饥饿状态"。第三个环节是"教师说明教学目标和产出任务"。教学目标分为两类。第一类为交际目标，即能完成何种交际任务；第二类为语言目标，即需要掌握哪些单词、短语或语法知识。与以往课文教学不同的是，所列出的语言目标一定要能为交际目标服务。凡是输入材料中与本单元交际目标无关的新单词、短语或语法形式均不列在语言目标中。这就是前面提到的对"选择性学习"的要求。按照完成任务的时间，产出任务分为课内和课外两类，课内指的是与输入学习同步进行的产出练习，课外指的是教师要求学生课下完成的产出练习。按照难度，课外任务又分为复习性和迁移性两种。所谓复习性任务就是期待学生连贯熟练完成课堂中分步练习的子任务，所谓迁移性任务就是要求学生运用课堂中练习过的能力完成的新任务。鉴于目前移动技术的普及，产出"驱动"这一环节可以拍成视频或者微课，让学生在课前学习。课上教师只需要检查学生对视频、教学目标和产出任务的理解情况即可。这样可以腾出更多时间进入第二个阶段。对于实施POA的教师来说，这个环节最具挑战性，因为教师不能像传统教学一样，只围绕课文设计教学流程。POA要求教师确定恰当的产出目标和与之相匹配的产出任务，还要求围绕目标和任务设计"产出"场景，用于激发学生学习输入的动力。即便将来出版社编写了适合POA的教材，教师仍旧要根据自己所教学生的外语水平，对教材中提供的产出情景难易度进行适当调整，并根据学生外语水平的差异，提供有区别性的产出任务，供不同水平的学生进行选择，充分发挥学生的潜能。

2. 促成

促成"包含三个主要环节：①教师描述产出任务；②学生进行选择性学习，教师给予指导并检查；③学生练习产出，教师给予指导并检查。

为了降低产出任务的难度，同时为了缩小产出与输入学习之间的距离，教师常常会将一项大的产出任务分解为若干项子任务，围绕每项子任务，可能需要依次重复上表中三个步骤。POA 引导学生从输入中选择什么呢？成功完成一项产出任务，至少需要内容（ideas）、语言形式（language）和用语言表达内容的话语结构（discourse structure）。根据选择性学习的原则，每个时段的教学要有重点。POA 通常从内容开始。有些产出任务，如果没有输入材料的帮助，即便要求有些学生用中文回答，他们也未必说得清楚。第二步将重点放在语言表达形式的学习上，其中包括能够为产出任务服务的单词、短语和句型。第三步是从输入中提取产出任务所需要的话语结构。

教师在引导学生对输入材料进行处理时，学生无论是选择了内容、语言形式或是话语结构，对于选择的结果是否恰当，教师都需要给予即时检查，以便了解学生选择性学习的成效。输入促成的第三个环节是"产出练习与检查"。产出任务的完成不能采用"放羊式"，让学生在课内开展对子或小组练习后无检查。按照 POA 的教学要求，"产出练习"要在教师的指导下循序渐进地进行。练习结束时，要立即进行评估了解学生是否具备完成产出任务的能力。在"促成"中，教师的脚手架作用最为明显。一方面教师要在充分了解学情的基础上，决定提供帮助的程度。根据社会文化理论，"谁来做脚手架""提供脚手架的方式"都要符合学生的外语水平。提供的帮助过多，不利于培养学生的学习自主性；提供的帮助不足，学习效率受限。因此，教师要有意识地逐步降低自己的脚手架作用，同时逐步提高学生的学习责任感（van de pol et al.2010）。以"谁来做脚手架"为例。在实施 POA 开始阶段，学生不熟悉如何从输入中提取有用材料为产出服务，教师就要更多地承担脚手架的功能。一旦一些高水平学生掌握了选择性学习的方法，就可以让他们来承担这个功能。再如，为产出任务寻找恰当的输入材料。开头阶段，教师承担主要责任，但随着学生熟悉了 POA 的教学理念、教学假设和教学流程以后，教师就要鼓励学生自己寻找合适材料对教材中材料加以补充，或者要求他们自己寻找全新的输入材料。同时，POA 建议采用学生或教师模仿学生完成的优秀作品作为提取话语结构的输入材料，因为英语本族语者撰写的文章或者口头发言材料一般比较长，学生不易模仿。这里还需要强调的是，学生提取的话语结构仅作为起步阶段的帮助，此后，POA 应该鼓励学生运用富有个性特征的自我表达结构。

3. 评价

POA 产出的"评价"可以分为即时和延时两种。即时评价指的是"促成"两个环节中的"捡区"部分，即在学生进行选择性学习和产出任务练习的过程中，教师对学生的学习效果给予的评价。这种即时评价能够帮助教师适时调整教学节奏，掌控教学进度。延时评价指的是学生根据教师的要求，经过课外练习后，再将练习的成果提交给教师评价。本节主要讨论延时评价。延时评价的产出结果有两类：①复习性产出；②迁移性产出。在"促成"阶段,学生分步练习了产出子任务;课后教师要求学生连贯地完成整个产出任务,并在下一节课上展示,这就是复习性产出。教师也可以要求些高水平学生完成具有相似性的新任务,这就是迁移性产出。产出的呈现形式可以是说、写、口译、笔译和编译,具体采用何种形式可允许学生根据自己未来就业的需要进行选择(文秋芳,2014b)。由于课堂教学时间非常宝贵,POA 认为不适宜在课上检查所有学生的产出成果,因此这里又区分为课内与课外评价两种。第一项任务是学习评价标准。POA 强调标准的构建需要师生共同参与,务必取得共识。不同的产出成果有着不同的评价标准。教师可以结合具体的产出任务和样本分别讨论说、写、译的评价标准。标准要表述清楚,便于学生理解,同时也要有利于他们对照检查自己执行的情况。第二项任务是提交产出成果。教师要事先向学生说明提交成果的最后期限和提交形式,建议以书面形式发给每个学生,这样不易导致学生误解或遗忘。

针对性和区别性的评价是学生特别期待的反馈。与此同时,要事先设计有效方法,确保听众与展示者共同受益。如果课堂上评价的是书面产出成果,最好采取师生合作评价的方式。具体做法是,教师课前精心批改所要讨论的作文。课堂上,教师先将未批改的原文发给学生评价,再给出自己的修改方式,然后与学生共同讨论修改的理由。这样的合作评价方式通常能够取得更好的学习效果。其他未参与课内评价的同学一定要在网上提交产出成果,师生共同给予评价。对于需要在课堂上评价的口头产出成果,教师一定要事先了解学生展示的内容,并做好评价准备。教师的评价不能大而化之、大同小异。对延时评价任务的选择与布置,教师除了要考虑与教学目标和所学输入的关联度外,还要考虑学生的学习负担。虽然产出任务有助于综合运用外语能力的培养,但当多门课程的产出任务集中在同一时段时,学生就可能疲于应付,得不到应有效果。教师最好在开学初就向学生公布整体评价计划,并征求学生意见。学生一学期要完成多项产出任务,POA 主张将学生完成的所有产出任务及其评价形成档案袋,这样既可以让学生亲身体验自己一学期取得的进步,又可以作为学生本学期形成性评价的依据。

二、ESP 教学实践

传统外语教学模式通常由"热身"或"导入"开始一个新单元的教学活动,这样做的目的是激发学生学习本单元的兴趣和激活他们已掌握的关于新单元的知识。而产出导向法用"驱动"的做法开始新单元的学习,教师首先向学生呈现一个未来学习中可能出现的交际场景或者话题,学生可以真实感受到这些场景和话题的必要性和挑战性。接着由学生尝试着完成这些场景或者话题,让他们亲身感受到学习的压力和动力。最后由老师说明教学本单元的教学目标和产出目标。驱动步骤对于英语教师来说颇具挑战性,就中医英语而言，教师应当根据学生实际学习专业知识的情况，给他们提供日常医护工作中常见的交际场景，并把交际任务设计得难度适当，既能激起学生学习的兴趣，又能使他们体会到自身知识的缺乏，为后来的"促成"步骤打下基石。在"促成"阶段，教师必须扮演好脚手架的角色。首先，教师必须对产出任务进行描述解释，帮助学生理解完成任务的步骤和将一步的具体要求。然后教师给学生提供相关资料，让他们进行选择性学习，并适当给予指导，帮助他们从输入中选择完成产出任务需要的内容、语言形式和话语结构。然后指导学生联系产出，检查他们的学习结果。教师必须注意自己在学生学习过程中起到的作用：提供的帮助太多，不利于学生培养自主学习能力；帮助不够，则影响学习效率。同时，教师还应当注意逐步提高学生的学习责任感。最后，教师还需要对学生的任务完成情况和学习情况进行评价，教师可以积极将学生纳入评价过程中，和学生一起学习评价标准，然后让学生提交成果并对其进行课上和课后的评价。

下面以"刮痧"这一部分的中医英语课文为例，来具体说明产出导向法在中医英语教学中的应用。具体做法如下：

在教学开始的最初，以情景表演的形式呈现任务：根据影片《刮痧》中的情节，以小组为单位组成模拟法庭或听证会，组员分别扮演法庭法官、原被告、律师、证人等角色，为美籍华人许大同做辩护。为使产出任务聚焦，使"产品"可测可量，选取影片中的文化冲突点作为模拟法庭场景，刮痧：治疗还是虐待？（Gua Sha: treatment or abuse？）学生分成4组，每组4~5人，以抓阄的方式确定本组表演情景。就语言使用而言，此任务涉及文化点的介绍、台词改写和法庭角色扮演等；就认知和交际技能而言，此任务涉及文化差别意识、跨文化交际知识和策略、法庭话语和辩论技巧，任务有一定的复杂性。因此，教师在设计教学流程时，将这一大任务分解成三个层次的子任务（见图7-2），帮助学生逐步达到目标。一是鉴别。能辨识影片中的文化差异，认识文化冲突表象下的思维习惯、价值观念、信仰等的差异，能分析导致文化冲突的主客观原因。二是解释。当发生冲突时，能使用恰当的交际策略介绍或解释本土文化。三是辩护。在模拟听证会或法庭上，利用证人、证词为自己的文化辩护。

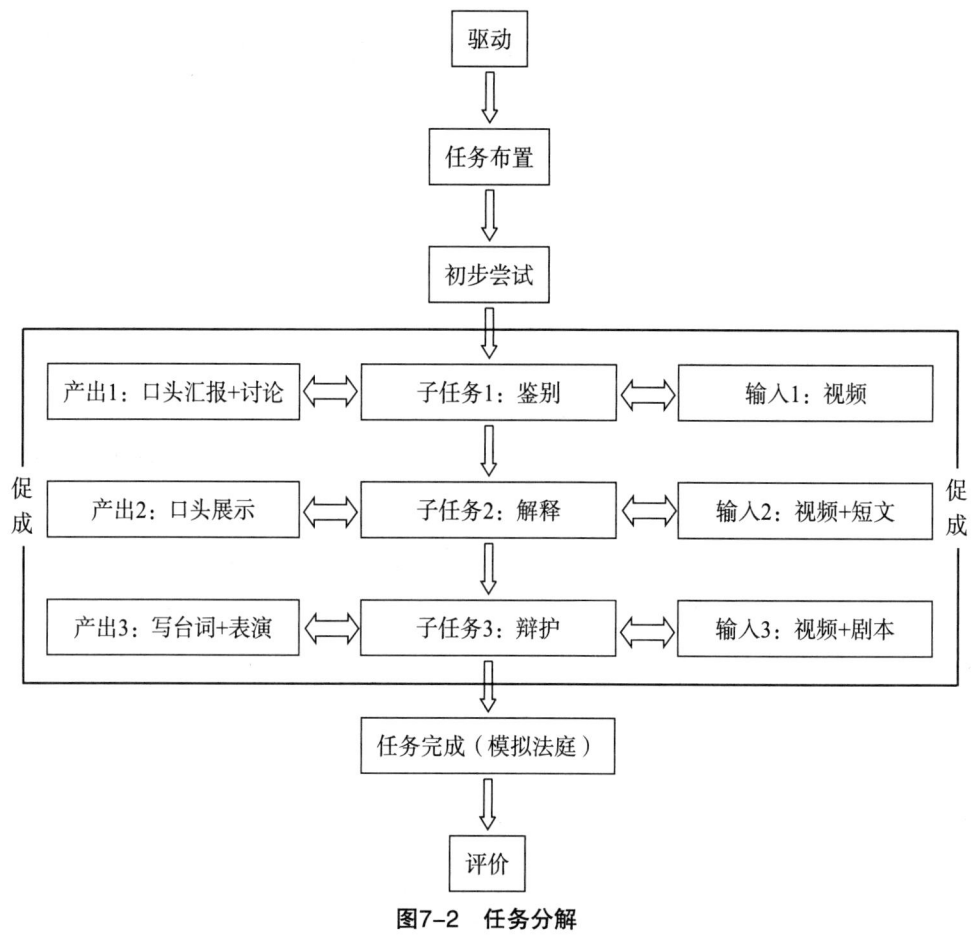

图7-2 任务分解

课堂教学过程遵循产出导向法的三个基本流程：驱动、促成和评价。

1. 驱动（pRepare 环节）

本环节的目的在于设计具有潜在交际价值的任务、激发学生学习的积极性是产出导向法的起点。在布置模拟法庭（或听证会）任务前，教师以文化的概念和文化"冰山模型"为起点，引导学生设想其未来生活和学业中进行跨文化交际的可能性，以及作为法学专业学生在未来的职业生涯中处理涉外案件、遭遇文化冲突的可能性。接着，通过几个真实的诉讼案例，如美籍华人曹显庆因替患有尿道炎的八岁女儿涂药和换衣服，被指控性侵儿童，并因此家破人亡的案例，让学生意识到文化差异可能带来的严重后果。随后，教师通过两个问题向学生发起挑战：1）如果你是文化冲突的受害者，你是否可以为你的文化辩护？ 2）如果你是律师，你是否可以为你的当事人洗刷莫须有的罪名？问题提出后，教师请两名学生尝试为案例中的被告作辩护。让学生对任务进行初步尝试，可以为学生"创造饥饿感"（文秋芳，2014），激发学习的热情。最后，教师布置本单元的产出任务，即借助影片《刮痧》情节，以小组为单位，进行模拟法庭角色扮演，为涉嫌"虐童"

而被起诉的美籍华人作辩护。之所以采用影片情节而非真实案例，是因为影片作为音视频资料、剧本作为书面材料，可以为教学提供丰富的语言素材，便于学生学习。

2. 促成

教师在预测任务难度和复杂度后，将模拟法庭情景表演任务分解为三个子任务，本环节针对这三个子任务，在促成环节，教师须充分发挥中介作用，指导学生围绕输出任务，选取合适的输入材料进行有选择地学习，促成任务的完成。

三个子任务按分步骤促成：

子任务1：探析文化冲突背后的深层原因

这一子任务作为输入的起点，通过识别文化冲突点讨论如何跨越交际障碍等课堂活动，唤起学生的跨文化交际意识，为大任务的完成做准备。教师课前要求学生观看影片，寻找文化冲突点，识别文化差异。在课堂上，教师要求学生口头展示文化冲突点，引导学生对这些冲突的深层原因展开讨论，比较中美两国不同的价值取向，并引导学生探讨在文化多样性的背景下如何跨越交际障碍。教师要求学生以电影的主人公为例，讨论作为文化差异的受害者许大同，是否对自己的悲剧负有责任，让学生认识到必要的文化知识、积极的态度和适当的交际技巧是跨越交际障碍的关键。

子任务2：解释中医"刮痧"文化

要完成法庭辩论的大任务，必须具备介绍本土文化的能力。这一子任务聚焦于文化点"刮痧"，这是普通的中医疗法，但影片中的美国人对此知之甚少。如何用西方人能理解的方式来介绍这个文化点，是摆在影片中美籍华人面前的难题，也是中国学生的难题。因此，为学生选取合适的输入材料填补空缺，促成输出任务的完成，很有必要。针对刮痧这一文化现象，教师截取了影片中的两个片段，分别是许大同和中医理疗师对刮痧的介绍，引导学生学习语言的同时，对比两个语篇的交际功能，学习跨文化交际技巧。之后，教师提供篇中医英语阅读材料，系统介绍刮痧的由来、简单的医学原理以及西方医学界人士对刮痧疗效的评价，指导学生选择性学习，为任务的完成提取必要信息。教师同样根据学生在尝试任务时暴露出来的问题，指导学生有针对性地学习，并要求学生在产出中灵活运用。

子任务3：完成法庭辩护环节

通过以上两个子任务的完成，学生已基本能够运用恰当的语言和必要的交际策略来介绍本土的两个文化点，接下来的任务是将这些知识运用到台词撰写和情景表演中。谁是有利的证人、由谁来辩护、如何辩护，对学生语用能力提出了挑战。在这个过程中，学生从复制性地运用语言（regurgitating）过渡到创造性地运用语言（Nunan，2011）。学生要完成在法庭上为本土文化辩护的子任务，必须了解法庭或听证会程序，掌握法庭辩论技巧。因此，教师一方面向学生提供原电影台词、电影片段供学生观摩学习，引导学生注意人物语言学习法庭话语；另一方面通过课堂讲解和角色扮演活动，熟悉法庭和听证会程序。最后，教师要求学生课下根据本组人数和剧情需要，设计角色，斟酌人物语言和法庭辩论的起承转结，撰写台词，为情景表演做准备。

3.评价

评价环节兼有"促学"的作用。产出导向法的评价环节旨在通过对学生的"作品"的评价，帮助老师了解教学效果；同时帮助学生了解学习成果的同时，进一步提高自己的产出质量。听众每人一份评分表，在这一环节，学生在课前提交了台词，并在课堂进行模拟法庭的表演，每组时长为6～8分钟，根据师生之前共同达成的评价标准为同学评分。总体而言，学生的这一环节的表现比较成功，除一组因组员缺席而导致展示不够连贯外，另外三组的都能完全脱稿、流畅自然地完成法庭辩论。在"律师"的辩护环节，学生的思路开阔，不仅恰当地使用了"语言目标"中的词汇、短语，而且创造性地运用了适当的辩论技巧（如对比、举例、引用等），使辩护富有说服力。第一组展示完毕后，教师根据学生提交的书面台词和口头表演进行点评，点评的重点在对学生"产品"中"优点"的分享和对代表性的"缺点"的改进建议。在之后的每组展示后，组织学生以小组为单位进行评价，小组代表根据组员意见说出优、缺点各一个，同时给出改进建议，教师根据学生意见进行再评价。在最后的总结环节，教师肯定了学生"出彩"的展示和课堂内外付出的努力，同时就一些较普遍的语法错误（如将"against"做动词用）和语用错误（如法庭上非正式语言等）进行了纠正和补救性教学，并就一些不合理的台词设计（如证人上庭后未等法官和律师发问，就开始夸夸其谈）给出了建议。最后，要求学生改进本组台词，再次提交。

三、基于产出导向法的ESP教学评价及展望

在ESP教学实践的过程中，产出导向法给课堂带来的活力。

首先，产出导向法体现了人本主义教育理念，能够激发学生积极的情感体验。一方面，具有驱动力的任务调动了学生的学习积极性。利用真实的跨文化交际案例，为学生创造"真实"的交际情景，并通过"具有交际价值"的产出任务，让学生感觉所学的东西"很有用"，驱动了学小兴趣和更多的投入。在学生的反思日志和问卷中，"喜欢""爱""有趣""成就感"分别多次出现，印证了课堂感受。另一方面，以教师为中介的"促成"也降低了学生完成任务时的焦虑情绪，同时让学生在完成任务的过程中获得"成就感"，感受到"付出好多""收获好多"。情感因素对外语教学具有重要影响（Arnold，199；Brown，2002），积极的情感体验是导向法发挥效力的优势之一。

其次，学生在新教学方法下获得了更多的语言使用机会。在产出导向法的实施过程中，模拟法庭表演任务被分成多个小任务，每一个小任务都要求学生产出，如介绍本土概念、台词的撰写、角色扮演等，大大地增加了学生语言使用的机会。经过多年的英语学习，大部分学生往往惰性知识有余而产出能力不足，因此在课堂中通过灵活的手段创设更多的语言使用机会，可以促进学生的接受性知识向产出性知识转化。

在教学实践中，始终遵循"学用一体"的教学理念，不仅给学生创设语言使用的机会，同时为学生提供必要的视听和阅读材料，引导学生根据产出任务进行选择性学习，学生在完成任务的同时，也应用了新的语言知识，"增大了语言学过能用的概率"（王初明，2014）。同时，也发现在以教师为中介的"促成"后，学生的语言产出质量大大提高。另外，在 ESP 教学中，教师有两种教学倾向。一是以"教课文"为课堂教学的主要内容，在课文讲解过程中力图面面俱到，却忽视了学生的语言输出环节；或者即使给学生布置了输出任务，但输出任务却与课堂输入关系不大，学到的语言知识无法有效地运用。二是过分强调"以学生为中心"，而忽略了教师的中介作用。近年来，随着交际语言教学理念引入我国，教师逐渐意识到语言的学习目标不是语言知识和语言技能，而是学生的语言交际能力的发展。这革命性的认识掀起了语言教学领域的改革，"轻语言、重交际"的倾向（Richards& Rodgers2001）越来越明显：教学的中心由教师转向学生，学生的自主学习能力得到空前的重视，教师由"讲授者"一下子转变为"辅助者"，将课堂的大部分时间用于学生讨论，或者布置项目任务，将一个相对独立的项目交由学生自己处理。以上两个误区中的第一种"重输入、轻输出"，违背了语言学习的规律。二语习得研究的成果表明只有当学习者创造性地使用语言，他们才最大限度地习得（Nunan，2011）。第二种给了学生充足的体验和练习机会，但过分依赖学生的"自主性"，忽视了教师的支架作用和学生的最近发展区，降低了语言学习的效率。外语学习效率的高低取决于语言理解和产出结合的紧密程度（王初明，2014）。要在教学中有效地运用产出导向法，必须理解其"学用一体"的教学理念，改变顽固的教学习惯，在语言教学中将理解性"输入"活动与产出性的"输出"活动对接，将"学"与"用"有机结合，学以致用，用以促学。要实施产出导向法，教师必须在教学设计上贯彻"学用一体"的教学原则。

1. 为了促学，精心设计输出任务

任务的设计是产出导向法的起点，也是难点。教师需预设学生未来可能的交际情形，在基于"产出导向法"的大学英语课堂教学实践课堂创设"真实的"情境，设计具有"潜在交际价值"（文秋芳，2014）的产出任务。一方面，任务的设计应考虑其教学价值，任务设计应能实现单元的具体目标，并最终促成课程整体目标的实现。另一方面，设计产出活动应难度适中：一是要考虑学习者已有的语言水平和认知能力。任务应既有挑战，

又是学生通过学习可以达到的，必要时设计分层任务，满足不同水平的学习者。二是要考虑学生完成任务的现实条件。在教学实验时忽略了"期末学业压力大"的现实因素，即是对完成任务的现实条件的考虑不充分，影响了学生的产出质量。

2. 注重学以致用，精心设计输入促成活动

在三个教学环节中，以教师为中介的"促成"环节是教学的重点，也是难点，教师需要围绕产出任务充分发挥其中介作用，引导学生对输入材料进行选择加工，以促成产出任务的完成，其目的与"以教课文为主要内容"的教学模式有着本质的区别，学习输入材料的目的不仅仅限于理解，更重要的是完成产出任务，教师应在明确学习目标的基础上，指导学生对输入材料进行"有选择地学习"（文秋芳，2015），避免眉毛胡子一把抓"。促成环节也是过分强调"交际性"的教学模式所忽略的环节，它要求教师在指导学生任务完成的过程中，不只是任务的布置者和检查者，还应该在整个教学流程中起"脚手架"作用，选取合适的输入材料，填补学生完成任务的"空缺"，最终学以致用。在教学实验中的台词撰写环节，对部分基础较差的学生指导不充分，影响了促成的效果，应该加以改进。

3. 鼓励学生自主性的发挥，发挥好教师脚手架作用

为避免教学的过分"封闭"，可以通过两条教学思路来解决。一是通过任务的分层设计来解决。可以在任务设计时区分再现任务（reproductive task）和迁移任务（transferred task），学习者可以选择基本的再现任务，也可以选择更具挑战的迁移任务。二是平衡教师的"脚手架"作用和学生的自主性。在产出任务的设计、输入材料的选取、选择性学习的指导和产品评价的过程中，教师的"脚手架"作用的发挥应根据学生的"最近发展区"，适应学生语言能力、情感和认知动态发展的规律，把握好"度"。随着教学的不断深入和学生能力的发展，应逐步减少干预，逐渐撤掉"脚手架"，从而使学生的学习自主性得到发挥。

总之，基于产出导向法的 ESP 教学体现了人本主义学派的提倡"意义学习"，强调学生的自主和个性化学习，有利于建立学生学习的成就感。

参考文献

[1] 陈晓丽. 高校英语慕课与翻转课堂教学模式研究 [M]. 成都：电子科技大学出版社，2017.

[2] 丁仁仑. 交际型大学英语创新教学模式研究 [M]. 北京：国防工业出版社，2010.

[3] 方燕芳. 英语思维与英语教学 [M]. 成都：电子科技大学出版社，2017.

[4] 宫玉娟. 大学英语教学模式改革创新研究 [M]. 吉林出版集团股份有限公司，2018.

[5] 何继红，黄立鹤. 一体化与多元化的英语教育 [M]. 上海：同济大学出版社，2017.

[6] 贾国栋，王珠英. 人才培养模式的改革与创新：中国人民大学大学英语教学改革研究论文选 [M]. 北京：外语教学与研究出版社，2011.

[7] 姜毓锋. 基于多模态话语理论的外语教学模式构建 [M]. 北京：北京理工大学出版社，2015.

[8] 李秀文，孙天南，李洪斌. 大学英语教学中二语习得问题研究 [M]. 长春：吉林人民出版社，2015.

[9] 沈银珍. 多元文化与当代英语教学 [M]. 杭州：浙江大学出版社，2006.

[10] 孙旭春. 网络环境下大学英语听说教学研究：理论、模式与评价 [M]. 昆明：云南大学出版社，2015.

[11] 王秀珍，徐江. 外语教学理念与模式创新研究 [M]. 武汉：武汉大学出版社，2011.

[12] 吴丹，洪翱宙，王静. 英语翻译与教学实践 [M]. 长春：吉林人民出版社，2017.

[13] 徐淑娟. 外语教师教学与创新研究丛书：大学英语生态教学模式建构研究 [M]. 北京：科学出版社，2016.

[14] 闫冰. 听、说、读、写、译 基于提高综合应用能力的大学英语教学研究 [M]. 成都：电子科技大学出版社，2016.

[15] 张俊英. 英语寝室与课堂教学互动教学模式研究 [M]. 杭州：浙江教育出版社，2006.

[16] 赵怡，曹坤. 融媒时代艺术类院校教学模式创新 [M]. 北京：中国传媒大学出版社，2016.

[17] 朱婧，焦玉彦，唐菁蔚. 大学英语多元互动教学模式研究 [M]. 长春：吉林大学

出版社，2019.

[18] 邹倩，张鲲，席玉虎. 基础英语教学研究 [M]. 中国原子能出版社，2017.